귀에 쏙쏙 들어오는
국제 분쟁
이야기

이창숙 글 | 이희은 그림

사계절

차례

들어가며_국제 분쟁은 왜 일어날까요? · 4

1부 세계의 분쟁 지역

1. 세계의 화약고, **팔레스타인-이스라엘** · 8
2. **시리아**의 눈물과 희망 · 24
3. 분쟁으로 폐허가 된 나라, **아프가니스탄** · 36
4. 위험한 동거, **중국과 소수 민족** · 48
5. 오렌지 혁명으로도 해결할 수 없는 동서 갈등, **우크라이나-러시아** · 58
6. 버림받은 지상 낙원, **카슈미르 지역** · 70
7. 다이아몬드가 너무 많아 슬픈 나라, **시에라리온** · 78
8. 얽히고설킨 끝없는 분쟁, **수단** · 88
9. 마약과 전쟁, **멕시코와 브라질** · 98

2부 미래의 분쟁

1. 생물 종의 다양성을 둘러싼 분쟁 · 110

2. 씨앗 분쟁 · 120

3. 환경 분쟁 · 126

4. 문화 분쟁 · 130

5. 미래의 자원 분쟁—물, 희토류, 북극의 자원 · 134

6. 아이디어 도둑을 잡아라—디자인, 저작권, 특허 분쟁 · 142

나가며_축구의 신, 드로그바의 기도 · 148

■ 들어가며

국제 분쟁은 왜 일어날까요?

    우리는 매일 뉴스나 인터넷을 통해 지구촌 곳곳에서 벌어지는 분쟁에 대해 듣게 됩니다. 분쟁으로 죽어 가는 사람들을 보며 안타까워하기도 하고 어처구니없다고 생각하기도 하지요. 같은 나라 형제끼리 수십 년 동안 서로 죽고 죽이고 손목을 자르고 성폭행을 하는 것을 보면서 인간이 어쩌면 저토록 잔인할 수 있는지 몸서리를 치기도 합니다. 저 나라 사람들이 모두 바보 같아서 그런다고 여기기도 하지요. 서로 죽고 죽이며 싸우는 동안 힘센 나라가 자기 나라의 모든 자원을 빼앗아 가는데 그것도 모르고 전쟁만 벌이고 있으니 말입니다. 우리는 그렇게 미개하고 멍청하지 않다고 큰소리치지만 과연 그럴까요?

    우리 대한민국도 한 형제인 남과 북이 끔찍한 전쟁을 벌인 적이 있지요. 바로 한국 전쟁입니다. 3년 동안 이어진 전쟁으로 사망자 150만 명, 부상자 360만 명, 이산가족 1000만 명이 생겼고 전쟁 중에 부모 형제를 잃은 고아가 수도 없이 많았습니다. 모든 사람들의 가슴에 씻을 수 없는 상처를 남긴 한국 전쟁은 남한과 북한을 더욱 멀어지게 했고 지금도 휴전선을 사이에 두고 총을 겨누고 있는 형편입니다. 남한의 1년 국방비는 무려 35조 원이고 북한의 국방비는 5000억 원입니다. 통일이 된다면 그 돈을 다른 중요한 일에 쓸 수 있겠지요.

그렇다면 각 나라가 전쟁을 벌이는 이유는 무엇일까요? 모든 사람들이 싫어하는데 전쟁은 왜 그치지 않을까요? 이 책을 읽으며 어린이 여러분이 생각해 봤으면 좋겠습니다.

불행하게도 여러분 시대까지도 분쟁은 그치지 않고 이어질 것이 거의 확실해 보입니다. 여러분이 다른 나라에서 일어나는 분쟁을 남의 일이라고 생각하며 관심을 갖지 않는다면 이 지구 상에서 전쟁은 영원히 끝나지 않을 것입니다. 또 우리나라는 영원히 안전하고 평화로운 나라일 것이라고 생각한다면 그것도 큰 착각입니다. 자신들의 이익을 위해서라면 어떤 방법으로든 분쟁을 일으킬 수 있는 세력이 존재하니까요. 그러니 우리나라에서 한국 전쟁과 같은 끔찍한 일이 또다시 일어나지 말라는 법도 없습니다.

여러분이 전 세계 분쟁 지역에서 고통받는 사람들에 대한 관심을 버리지 않는다면, 그리고 각자 자기 자리에서 도울 수 있는 일들을 찾아서 작은 일이라도 행동을 한다면 아마도 여러분이 어른이 되었을 때에는 조금 더 평화로운 지구가 될 수 있을 것입니다.

국제 분쟁은 하나같이 복잡하고 오래된 역사를 갖고 있습니다. 그것을 짧은 글 속에 쉽게 설명하는 데에 어려움이 많았습니다. 여러분이 더 자세하고 정확한 내용들을 찾아서 공부했으면 좋겠습니다. 이 책이 국제 분쟁에 관심을 갖는 작은 계기가 되었으면 합니다.

2015년 가을, 이창숙

1부
세계의 분쟁 지역

1. 세계의 화약고, 팔레스타인-이스라엘

팔레스타인
- **위치**: 지중해 동부
- **면적**: 6220km²
- **수도**: 라말라
- **인구**: 약 401만 3126명
- **종족 구성**: 아랍 인 **공용어**: 아랍 어, 영어
- **종교**: 이슬람교 97%, 기독교 3%
- **국가 원수**: 대통령

이스라엘
- **위치**: 지중해 동남쪽
- **면적**: 2만 2000km²
- **수도**: 예루살렘
- **인구**: 약 845만 명
- **종족 구성**: 유대 인 80%, 비유대 인 20%
- **공용어**: 히브리 어, 아랍 어
- **종교**: 유대교 81%, 이슬람교 14%
- **국가 원수**: 의원 내각제

레바논 · 시리아 · 데일 야신 마을 · 서안 지구 · 라말라 · 예루살렘 · 헤브론 · 가자 지구 (팔레스타인) · 이스라엘 · 이집트 · 요르단

전쟁 반대

그곳은, 지금

 2014년 6월, 학교 수업을 마친 이스라엘 소년 세 명이 자전거를 타고 팔레스타인의 헤브론 지역을 지나가다 사라졌습니다. 7월 초, 이 소년들은 팔레스타인 서안 지구에서 숨진 채 발견되었습니다. 이스라엘은 팔레스타인 무장 단체 하마스가 소년들을 납치해 죽인 것이 틀림없다고 거세게 비난했습니다. 전 세계 사람들도 아무 죄 없는 어린 소년들을 죽인 잔인한 행위에 대해 함께 분노했습니다. 며칠 뒤 극단적인 이스라엘 강경파는 이 세 소년의 죽음에 보복한다며 역시 죄 없는 팔레스타인 소년을 잡아다 산 채로 불태워 죽였습니다. 또한 하마스가 가자 지구에서 로켓을 발사하자 이스라엘 정부는 즉각 팔레스타인 가자 지구를 향해 폭격을 시작했지요. 이스라엘이 공습을 시작한

지 두 달 만에 가자 지구에서는 2000여 명이 죽고, 수만 명이 다쳤습니다. 사망자와 부상자 대부분은 어린이, 여자, 노인 등 무장하지 않은 민간인이었습니다. 이스라엘이 초등학교에까지 공습을 가하자 세계인들은 지나친 보복이라며 이스라엘을 비난했습니다.

2002년에는 이스라엘 사람 한 명이 죽을 때 팔레스타인 사람 세 명이 죽는 비율로 사람들이 죽어 갔습니다. 하지만 지금 이스라엘과 팔레스타인의 분쟁에서 발생하는 사망자 수를 비교하면 이스라엘 사람 한 명이 죽을 때 팔레스타인 사람 수십 명이 죽는 정도로 차이가 심해졌습니다. 2010년 국제 연합 인권 위원회에서는 이스라엘의 보복 공격이 지나치다며 '전쟁 범죄 행위를 비난하는 결의안'을 통과시키기도 했지요. 하지만 미국이 반대표를 던지는 바람에 결의안은 흐지부지되었습니다. 팔레스타인 사람들은 미국이 일방적으로 이스라엘 편만 든다고 비난했습니다.

이스라엘 국민 중에는 팔레스타인에 대한 이스라엘 정부의 공격이 정당하다고 지지하는 사람이 훨씬 많지만 반대하는 사람들도 있습니다. 이들은 팔레스타인의 무장 테러도 잘못이지만 이스라엘의 보복도 지나치다고 말합니다. 병역을 거부하는 이스라엘 젊은이들도 꾸준히 늘고 있으며 이스라엘이 무단 점령한 가자 지구에 폭격하는 것을 거부하겠다는 공군 조종사들도 있습니다. 팔레스타인 사람들도 마찬가지입니다. '이슬람' 하면 자살 폭탄 테러를 떠올리게 되지만 대부분의 이슬람 사람들은 평화를 사랑하고 폭력을 거부합니다.

도대체 언제쯤 이 지역에 평화가 올까요?

분쟁의 역사

팔레스타인 사람들과 이스라엘 사람들이 분쟁을 일으키고 있는 이 땅은 팔레스타인, 이스라엘, 가나안 등 다양한 이름을 가지고 있는 곳입니다. 지금 지구 상에서 가장 위험한 '화약고'로 불리며 서로 죽고 죽이고 피로 보복의 역사를 쓰고 있는 이 지역의 두 민족, 이스라엘 사람들과 팔레스타인 사람들은 놀랍게도 조상이 같습니다.

《성경》에 따르면 아브라함은 하느님의 뜻에 따라 가나안 땅으로 갑니다. 이곳은 하느님이 아브라함에게 준 '약속의 땅'입니다. 이곳에서 아브라함은 이스마엘과 이삭, 두 아들을 낳습니다. 이스마엘은 오늘날 아랍 인과 이란 인의 조상이 되었고 그 후손인 모하멧은 이슬람교의 창시자가 되었습니다. 한편 이삭은 유대 민족의 조상이 되었습니다. 이때부터 이 두 민족은 이 땅에서 어울려 함께 살아왔습니다.

그런데 지금으로부터 약 2000년 전, 가나안 땅은 당시 지중해 전체를 지배했던 로마 제국의 지배를 받게 됩니다. 로마 제국에 저항해 세 차례나 반란을 일으켰던 유대 인들은 로마 인들의 탄압을 피해 가나안을 떠나 세계 각지로 뿔뿔이 흩어졌습니다. 나라 없는 민족으로 떠돌며 살던 유대 인들이 세계 각지에서 당한 수모는 말할 수 없을 정

예루살렘 서쪽 성벽의 일부인 통곡의 벽. 높이가 21미터나 되는 이 벽에 유대 인들이 손을 대고 기도를 하고 있다. 통곡의 벽을 찾는 남자들은 모두 머리를 감추어야 하므로 모자를 쓴다.

도입니다.

기독교의 영향권 아래 있던 유럽 사람들은 유대 인을 '성자를 죽인 살인자들'이라고 몰아세웠습니다. 이유는 이렇습니다. 유럽은 기독교인들이 많습니다. 유럽 사람들은 예수 그리스도를 로마군에 넘겨 십자가에 못 박혀 죽게 만든 사람들이 유대 민족이라고 믿고 있습니다. 그래서 씻을 수 없는 죄를 지은 유대 민족을 2000년 동안 미워했던 것입니다.

그렇게 2000여 년 동안 이리저리 흩어져 유럽 사람들에게 미움받고,

쫓겨 다니면서도 유대 인들은 유대 인으로서의 정체성을 지켜 왔습니다. 아주 놀라운 일이지요. 오랜 시간 나라 없는 설움을 톡톡히 겪은 유대 인들은 절실하게 자신들의 나라를 갖고 싶어 했습니다.

19세기 후반에 일어난 '시오니즘 운동'에 따라 유럽의 유대 인들이 뭉치기 시작했습니다. 시오니즘이란 팔레스타인 지역에 유대 인 국가를 세우는 것을 목표로 한 민족주의 운동입니다. 유대 인들은 팔레스타인, 즉 가나안 땅을 수천 년 전 하느님이 자신들에게 주신 약속의 땅이라고 생각하기 때문입니다. 그런데 이 땅은 비어 있는 땅이 아니었습니다. 소수의 유대 인들이 남아서 살고 있기도 했지만 유대 인이 떠나고 난 뒤에도 팔레스타인 사람들은 이곳을 떠나지 않고 수천 년 동안 살고 있었으니까요.

시오니즘 운동이 일어나던 19세기 후반 이 땅은 지금의 튀르키예인 오스만 제국이 지배하고 있었습니다. 그리고 1914년 제1차 세계 대전이 일어납니다. 당시 영국은 오스만 제국과 싸우고 있었습니다. 영국은 오스만 제국의 영토인 팔레스타인 땅이 매우 중요한 지역이라고 판단했습니다. 그곳은 수에즈 운하가 가까워 인도, 동남아시아 식민지를 쉽게 지배할 수 있는 데다가 그때 막 석유가 나기 시작한 이란, 이라크, 사우디아라비아의 바로 옆이었거든요. 영국은 자신의 이익에 따라 아랍 인에게 비밀 약속을 합니다. 전쟁에서 영국을 도와 오스만 제국과 싸워 준다면 전쟁이 끝난 뒤 아랍 인의 국가를 세울 수 있도록 도와주겠다고 말입니다. 이에 아랍 인들은 제1차 세계 대전에서 영국을 도와 싸우지요.

한편으로 영국은 유대 인들을 만나 전쟁에서 영국을 도와주면 팔레스타인에 유대 인의 나라를 세우는 것을 지지하겠다는 비밀 약속을 합니다. 유대 국가 건설이 목표였던 유대 인들은 당연히 영국을 도와 전쟁에 참가합니다. 그러면서 영국의 협정에 힘입은 유대 인들은 점점 더 많이 팔레스타인 땅으로 이동하게 됩니다.

그렇게 모순되는 약속을 각각 두 민족에게 한 것에서 그치지 않고 영국과 프랑스는 전쟁이 끝나면 이라크와 요르단은 영국이, 시리아와 레바논은 프랑스가 나누어 차지하고 팔레스타인 지역은 공동 관리하자는 비밀 협정까지 맺습니다.

1939년 제2차 세계 대전이 일어나고 전 세계는 점점 전쟁의 소용돌이 속으로 빠져듭니다. 이때 독일 나치당이 독일과 유럽에 사는 유대 인 600만 명을 학살하는 대참극을 벌이지요. 이 일을 겪은 유대 인들은 더더욱 자신들의 나라가 필요하다는 생각을 하게 되면서 더 많은 유대 인들이 팔레스타인 땅으로 떠납니다.

유대 인들이 팔레스타인으로 이주를 시작한 19세기 말, 팔레스타인 사람들은 유대 인의 이주에 크게 신경 쓰지 않았습니다. 당시에는 팔레스타인 사람들이 훨씬 많았기 때문입니다. 또 유대 인들은 팔레스타인 지주에게 일정한 돈을 주고 땅을 샀고, 땅을 사려는 유대 인들이 늘어나자 땅값이 오르기 시작했으니 그다지 나쁜 상황은 아니었죠.

당시 팔레스타인 지주들은 농사를 짓는 대신 자신이 소유한 땅을 소작 주고 자신들은 도시로 나가 살았습니다. 그런데 이 땅을 유대 인에게 팔고 유대 인이 땅의 주인이 되자 그 땅에서 소작농을 하던 팔레스

타인 사람들이 일자리를 잃게 되었습니다. 유대 인들이 들어오기 전까지는 넉넉하지는 않아도 그런대로 먹고사는 데 지장은 없었습니다. 그런데 유대 인들에게 넘어가는 땅이 점점 많아지자 많은 팔레스타인 사람들이 일자리를 잃고 빈민으로 전락하게 됩니다. 자연스럽게 유대 인에 대한 팔레스타인 사람들의 불만이 쌓여 갔지요. 유대 인은 점점 늘어나고 유대 인이 차지하는 땅도 늘어났습니다. 그에 따라 두 민족의 갈등도 커져 갔습니다. 이 갈등은 시간이 지나면서 보복에 보복을 낳는 피의 역사를 만들어 갑니다.

팔레스타인 땅에서 갈등이 점점 커지자 3중으로 모순되는 계약을 맺었던 영국은 골치 아픈 팔레스타인 문제를 국제 연합에 떠넘기게 됩니다. 국제 연합은 결국 1947년 11월 29일 팔레스타인 땅을 유대 인 지역 56퍼센트, 아랍 인 지역 44퍼센트로 분할하기로 결정했습니다. 그리고 양쪽이 서로 차지하고 싶어 했던 예루살렘은 국제 연합이 통치하기로 했지요. 예루살렘은 유대교, 이슬람교, 기독교가 탄생한 도시입니다. 이런 상징성 때문에 양측 모두 예루살렘을 차지하고 싶어 했지요. 당시 팔레스타인에는 아랍 인이 130만 명, 유대 인이 60만 명 살고 있었으니 일방적으로 이스라엘에 유리한 결정이었습니다. 더군다나 국제 연합의 이런 결정과 상관없이 이스라엘 무장 단체들은 이미 테러를 통해 팔레스타인 땅의 70퍼센트를 점령한 상태였어요. 75만 명이 넘는 팔레스타인 사람들이 이스라엘의 공격으로 집을

멀리서 본 예루살렘 모습. 예루살렘의 옛 시가지는 유네스코 세계 유산 지역이자 기독교와 유대교, 그리고 이슬람교가 서로 자신들의 성지라고 주장하는 곳이다. 그래서 이슬람 지역, 유대 인 지역, 기독교 지역으로 나뉘어 있다. 가운데 보이는 황금으로 만든 지붕 건물이 '바위의 돔' 혹은 '오마르 모스크'라고 불리는 사원인데, 이곳 또한 세 종교 모두에 매우 중요한 유적이다.

잃고 난민이 되었고요. 국제 연합 결정보다 더 많은 땅을 벌써 차지하고 있었던 것이죠.

 국제 연합의 결의안이 통과된 이후 이스라엘은 국가 선포를 눈앞에 두고 충격적인 사건을 일으킵니다. 바로 예루살렘 서쪽에 있는 팔레스타인 마을 데일 야신에서 벌어진 학살 사건입니다. 데일 야신 마을은 학살이 있기 전날까지도 이웃 유대 인 마을과 평화롭게 지내고 있었습니다. 그런데 1948년 4월 9일 주민들이 잠들어 있는 새벽에 이스라엘 시오니즘 무장 단체인 이르군과 스턴 갱이 데일 야신 마을을 공격하기 시작했습니다. 새벽부터 낮까지 이어진 이스라엘의 공격으로 마을 주민 200명가량이 학살되었습니다. 이스라엘 무장 단체는 이때 데일 야신 마을뿐만 아니라 동시다발적으로 여러 마을을 공격했습니다. 팔레스타인 사람들이 테러에 공포를 느끼고 스스로 떠나게 하려는 목적이었지요. 이 사건으로 약 70만 명의 팔레스타인 사람들이 집을 잃고 난민이 되었습니다.

그로부터 약 한 달 뒤인 1948년 5월 14일 이스라엘은 국제 연합에서 정식 국가로 승인을 받게 됩니다. 그리고 바로 다음 날 주변 아랍 국가들이 군대를 모아 일제히 이스라엘을 공격하기 시작했지요. 겉으로는 팔레스타인 독립국을 위한 것이라고 했지만, 사실은 국제 연합에서 결의한 팔레스타인 아랍 인 지역의 44퍼센트 땅을 서로 차지하기 위해서였지요. 게다가 이스라엘이 국제 연합의 결의안보다 26퍼센트나 더 많은 땅을 이미 차지하고 있었으니, 이걸 가만 두고 볼 수는 없었습니다.

하지만 수천 년 동안 나라 없이 살아왔던 이스라엘 사람들은 그야말로 죽기 살기로 싸웠습니다. 그 뒤로도 이스라엘은 건국 이후 주변

| 팔레스타인-이스라엘 영토 변천 역사 |

1946년
이스라엘 건국 전

1947년
이스라엘 건국 당시 국제 연합이 정한 영토 분할 계획

1967년
1948년 제1차 중동 전쟁부터 1967년까지

2012년
1967년 제3차 중동 전쟁부터 2012년 현재

팔레스타인   이스라엘   *출처: 미국 팔레스타인 인권 연맹(AUPHR)

아랍 국가들과 모두 4번의 전쟁을 치렀습니다. 때로는 전세가 위태로워 나라를 잃을 뻔한 적도 있었지만 미국의 도움으로 번번이 승리를 챙겼습니다. 오히려 전쟁을 통해 국제 연합에서 결의한 땅보다 많은 땅을 차지했고요.

이후 이스라엘은 팔레스타인 땅인 요르단 강 서안 지구, 가자 지구

이스라엘은 팔레스타인 무장 요원들의 자폭 테러를 막는다는 이유로 2002년부터 서안 지구에 콘크리트 분리 장벽을 건설하고 있다. 지금까지 474킬로미터를 건설했고, 앞으로 316킬로미터의 장벽을 더 건설할 예정이다. 국제 사법 재판소는 2004년 분리 장벽이 국제법에 위반된다고 판결하기도 했다.

안으로 들어가 유대 인 정착촌을 세우고 그곳에서 살겠다고 자원하는 유대 인에게 집과 정착금 등 혜택을 주었습니다. 가자 지구, 요르단 강 서안 지구 등은 분명 국제 연합이 정한 팔레스타인 사람들의 땅인데도 말이죠. 유대 인 정착촌은 팔레스타인 자치 지역의 팔레스타인 마을 주위에 섬처럼 존재하며 양측 주민 간 충돌이 끊이지 않습니다. 유대 인 정착촌 거주민은 2010년 들어 50만 명을 넘었습니다.

국제 연합 등 국제 사회에서 유대 인 정착촌 건설을 불법으로 규정하고 없애라고 요구해도 응하지 않던 이스라엘은 2003년 6월 미국, 유럽 연합(EU) 등의 중재로 정착촌을 철거하기로 약속했습니다. 2005

년 가자 지구와 요르단 강 서안 지구 일부 철수안이 이스라엘 극우 세력의 반발에도 불구하고 이스라엘 내각에서 의결되었지요. 2005년 8월 이스라엘 정부는 일방적으로 가자 지구 안팎의 정착촌을 강제로 철거하여 유대 인 정착민을 추방하고, 서안 지구에서도 4개의 정착촌을 강제로 철거했습니다. 이 때문에 이스라엘 정부와 팔레스타인 지역 내 이스라엘 정착촌 주민들은 심각한 충돌을 벌이기도 했습니다.

1993년 국제 연합을 중심으로 한 국제 사회가 이스라엘과 팔레스타인 간 오슬로 협정을 이끌어 냈습니다. 이스라엘과 팔레스타인이 이제 오랜 분쟁을 끝내고 화해하고 공존하자는 합의였습니다. 이 협정은 이스라엘이 1967년 제3차 중동 전쟁 때 불법으로 점령한 중동 여러 나라의 땅을 원래 나라에 돌려주고 동시에 그곳 일부인 가자 지구에 팔레스타인 자치 국가 수립을 허용하며 대신 팔레스타인은 이스라엘을 국가로 인정한다는 내용이었습니다. 그러나 이 협정에 반발해 팔레스타인 무장 단체들이 테러를 저지르지요. 팔레스타인의 목표는 이스라엘을 몰아내고 자신들의 국가를 건설하는 것이지, 근본적으로 이스라엘이라는 국가를 인정할 수 없다는 것이었습니다. 그리고 팔레스타인 자치 정부와 이스라엘 정부의 협상에서는 현재 중동 지역에 흩어져 사는 수백만 팔레스타인 난민들의 귀환 문제가 불거지면서 평화 협정이 깨지고 말았습니다. 당시 어렵게 찾아왔던 중동의 평화 분위기는 급격히 식어 버렸지요. 지금은 평화 논의 자체를 하지 못하고 있는 상태입니다.

　한편 이스라엘은 2002년부터 팔레스타인 주민이 사는 지역 전체를 완전히 고립시키는 높은 장벽을 설치해 왔습니다. 팔레스타인 테러리스트들이 들어오는 것을 막기 위해서라고 합니다. 2014년 현재 총 예정 길이 중 약 500킬로미터가 완성되었습니다. 8미터 높이로 세워진 이 장벽 때문에 팔레스타인 사람들은 통행에 많은 어려움을 겪고 있습니다. 수천 년 동안 약자로서 폭력을 당해 온 유대 인이 자신들이 당했던 것과 똑같이 약자를 대하는 것이 씁쓸할 뿐입니다.

　사실 유대 인과 아랍 인은 비슷한 점이 상당히 많습니다. 같은 셈계 종족인 데다가 두 민족 모두 유일신을 섬기고 오랜 세월 유목과 목축을 하고 살아왔으며 비슷한 언어를 사용합니다. 십자군에 대항해 함께 싸운 적도 있지요. 그런데 지금은 안타깝게도 서로 죽고 죽이는 증오의 대상이 되어 버렸습니다.

절망 속의 희망 최루탄에 핀 꽃

난 팔레스타인 사람이고 이름은 사비하야. 내 아들 바셈이 이스라엘 군이 쏜 최루탄에 가슴을 맞아 죽었어.

내 아들은 전쟁터에 나간 군인이 아니었어. 다큐멘터리 영화를 찍고 있었지.

〈다섯 대의 부서진 카메라〉

나는 속이 텅 빈 최루탄 껍데기를 모아 아들이 죽은 주변에 꽃을 심기 시작했어. 꽃을 아무리 심어도 최루탄 화분은 부족해지질 않아. 이스라엘과 팔레스타인이 그만큼 끝없이 충돌하기 때문이지. 처음엔 나도 내 아들을 죽인 그들을 죽이고 싶었지만, 그게 다 무슨 소용이야. 이젠 그냥 하루빨리 전쟁이 끝나고 더 이상 화분이 없어 꽃을 심을 수 없게 되면 좋겠어.

2. 시리아의 눈물과 희망

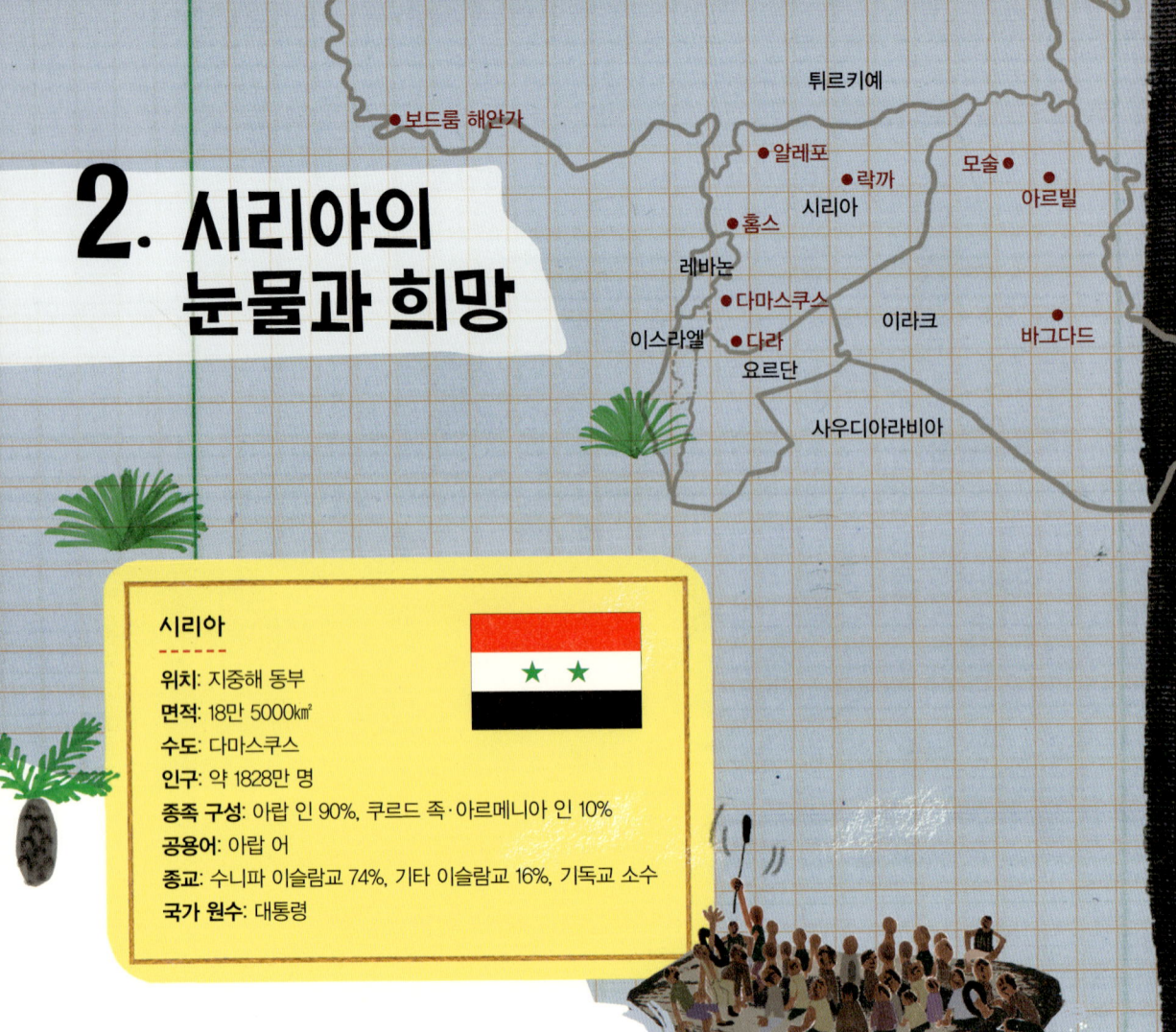

시리아

- **위치**: 지중해 동부
- **면적**: 18만 5000km²
- **수도**: 다마스쿠스
- **인구**: 약 1828만 명
- **종족 구성**: 아랍 인 90%, 쿠르드 족·아르메니아 인 10%
- **공용어**: 아랍 어
- **종교**: 수니파 이슬람교 74%, 기타 이슬람교 16%, 기독교 소수
- **국가 원수**: 대통령

그곳은, 지금

2015년 9월 2일, 한 장의 사진이 전 세계인을 울렸습니다. 세 살짜리 시리아 아이 알란 쿠르디가 튀르키예 보드룸 해안가에 엎어져 있는 사진이었습니다. 알란 쿠르디는 마치 곤히 자고 있는 것처럼 보였지만 이미 숨진 뒤였지요. 알란 쿠르디 가족은 시리아 내전을 피해 시

리아와 국경을 맞대고 있는 튀르키예로 탈출한 난민입니다.

　난민은 전쟁, 테러, 가난, 자연재해 등을 피해 고국을 떠난 사람들을 말합니다. 혹은 인종, 종교, 국적, 정치적 견해 등의 차이 때문에 고국에서 차별이나 불이익을 받아 떠나온 사람들도 있지요. 난민은 다른 나라에 불법으로 입국했다 하더라도 도착한 나라에 정치적 망명을 신청하거나 임시 보호를 요구할 수 있습니다. 그러면 그 나라에서는 이들을 강제로 돌려보낼 수 없습니다. 이처럼 국제법의 보호를 받을 수 있어 고국의 위험을 피해 다른 나라로 탈출을 하는 것이지요.

　알란 쿠르디 가족은 튀르키예에서 그리스를 거쳐 유럽으로 가기 위해 보트에 몸을 실었습니다. 하지만 작은 고무보트가 바다에서 뒤집

일단 시리아에서 벗어나자!

다마스쿠스 전경. 다마스쿠스는 오늘날 시리아의 수도이다. 기원전 10세기부터 아랍 인들이 이곳에 나라를 세우고 살아온 것으로 알려져 있으며, 지금까지 남아 있는 도시 가운데 가장 오래된 도시이다. 귀한 고대 유적이 많이 남아 있다.

혀 버리는 바람에 알란 쿠르디와 그의 엄마, 형을 포함한 많은 사람들이 목숨을 잃은 것이지요.

 쿠르디의 죽음이 알려지자 전 세계 수많은 사람들이 함께 애도하며 난민 대책 마련에 힘을 합치겠다고 다짐했습니다. 유럽 국가들이 난민 문제에 좀 더 적극적으로 나서야 한다는 의견도 많았지요. 독일, 오스트리아, 영국 등이 난민을 받겠다고 발표하기도 했습니다.

 시리아는 북한과 수교를 맺고 있는 사회주의 국가이며, 우리나라와 국교를 맺지 않은 유일한 중동 국가입니다. 그래도 내전이 일어나기

크락 데 슈발리에. '기사의 성'이라는 뜻으로, 시리아 홈스에 위치한 성이다. 1031년 무렵 당시 군주가 건설했고, 이후 십자군이 점령하여 1170년에 완공했다. 성의 위치, 견고하고 단단해 보이는 모습이 난공불락의 요새 같다. 아주 잘 보존되어 있는 성으로 손꼽힌다.

전에는 우리나라 사람들도 자유롭게 여행할 수 있는 나라였지만 지금은 여행 금지 국가가 되었습니다.

2011년 3월부터 5년째 이어지고 있는 시리아 내전 때문에 쿠르디 가족처럼 집을 잃고 난민이 된 시리아 사람이 370만 명이 넘습니다. 시리아 난민들은 목숨을 걸고 국경을 넘어 튀르키예, 요르단, 레바논, 이집트 등으로 도망쳐 나오고 있지요. 시리아의 도시들은 폐허로 변해 버렸고 사람들은 지금 이 순간에도 죽어 가고 있거든요. 시리아 내전 중에 죽은 사람이 벌써 21만 명을 넘어서고 있는데 이들 중 반 이상이 군인이 아닌 여자와 어린이입니다. 실제 사망자는 훨씬 더 많을 것으로 예상하지요.

우리나라에도 많은 시리아인들이 난민 신청을 했습니다. 한국에서 난민으로 인정받고 정착하는 과정은 쉽지 않습니다. 난민 지위를 받으려면 1년쯤 걸리는 법무부 심사를 거쳐야 하는데 과정이 무척 까다롭습니다.

시리아 난민들은 다른 나라에 가고 싶어 가는 게 아닙니다. 분쟁 때문에 조국에서 사는 게 극도로 위험하니 어쩔 수 없이 살기 위해 조국을 떠나는 것이지요. 내전이 끝나 조국으로 돌아갈 때까지 난민들도 인간의 기본적인 삶을 누릴 수 있도록 전 세계 사람들이 도와야 합니다.

분쟁의 역사

시리아는 유럽과 아시아 두 대륙의 중간 지대에 위치해 있습니다. 국토의 대부분이 사막이지만 유프라테스 강이 흐르는 기름진 북동부 지역은 고대 인류 문명이 발생한 곳이기도 합니다. 튀르키예 및 요르단, 이스라엘과 이웃하고 있으며 '동양의 진주'라고 불리는 수도 다마스쿠스는 현재 지구에 남아 있는 도시 중 가장 오래된 도시로 인정받고 있지요. 또한 시리아는 예로부터 메소포타미아와 이집트, 아라비아 반도를 연결하는 상인들의 통행로로 동서양 교통의 중심지였습니다. 유서 깊고 아름다운 시리아는 전 세계 많은 사람들이 찾던 관광지

팔미라는 기원후 1~2세기에 지어진 고대 도시로 현재 시리아의 타드무르에 그 고대 유적이 남아 있다. 고대의 가장 중요한 문화 중심지 가운데 한 곳이었으며, 지금은 유네스코 세계 유산이기도 하다. 시리아 내전으로 유적이 일부 파괴되었다.

었는데, 지금은 몇 년에 걸친 내전으로 많은 것이 파괴되어 폐허처럼 황량하게 변해 버렸습니다.

시리아는 이슬람 국가입니다. 이슬람교는 크게 수니파와 시아파로 나뉘는데 전체 이슬람 사람의 90퍼센트가 수니파입니다. 시리아에는 다수의 수니파 사람들과 소수의 시아파 사람들이 함께 살고 있지요. 제1차 세계 대전 이후 프랑스의 위임 통치를 받던 시리아는 1946년 프랑스로부터 독립할 때 다수파가 아닌, 소수파인 시아파가 정권을 잡았습니다. 1971년에는 시아파의 분파인 알라위파의 하피즈 알아사드가 대통령이 되어 친소련 사회주의 독재 정치를 시작했지요. 알아사드는 수니파를 감시하며 인권을 짓밟았고 풍부한 지하자원을 자신의 부를 쌓는 데 이용했습니다.

2000년 하피즈 알아사드 대통령이 죽고 그의 아들 바샤르 알아사드가 대통령직을 이어받았습니다. 시리아 국민들은 젊은 대통령이 개혁을 할 것이라고 기대했지요. 바샤르 대통령이 처음에는 지방 자치, 대통령 직선제, 대통령 임기 제한, 시장 경제 개혁 등을 하겠다고 발표했거든요. 하지만 그는 자신의 아버지와 똑같았습니다. 말로만 대통령 직선제를 내세웠을 뿐 2007년 선거에 혼자 후보로 나와 찬반 투표에서 98퍼센트의 득표율로 당선되었습니다. 내전 중에 치러진 2014년 선거에서는 시리아를 떠난 난민들은 투표할 수 없었고, 반군이 지배하는 지역은 제외한 채 투표를 해 버렸습니다. 당연히 공정한 선거라 하기 어렵지요. 이전 선거에 단독 후보로 나와 당선되었다는 비판을 의식해서인지 2014년 선거에는 다른 후보 두 명이 더 나왔습니다. 그러나 알아사드 대통령이 90퍼센트 가까운 표를 받았고 다른 두 후

보는 들러리였다는 것이 드러났지요.

바샤르 알아사드 대통령 또한 종교적으로도 수니파와 시아파 간의 종교 화합 정책을 펴기보다는 수니파를 일방적으로 억압하는 독재 정치를 해 나갔습니다. 수니파가 수적으로 훨씬 많으니 억누르지 않으면 정권을 빼앗길 수도 있다고 판단한 것이지요.

시리아는 1971년부터 2015년 현재까지 45년 동안이나 아버지와 아

들이 독재 정치를 이어 오고 있는 나라입니다.

2011년 튀니지, 이집트, 예멘 등 시리아의 이웃 나라에 민주화 바람이 불기 시작했습니다. 그러자 시리아에서도 민주화에 대한 기대감이 퍼져 나갔어요. 2011년 3월, 시리아 남서부 다라라는 곳에서 청소년들이 담벼락에 "국민은 정권이 바뀌기를 원한다."라는 낙서를 했다는 죄로 구속되었습니다. 그러자 부모들이 아이들을 석방하라고 시위에 나섰지요. "개도 국경을 넘어야만 짖는다."라는 말이 있을 정도로 억압적인 분위기였던 시리아에서 시민들이 시위를 한다는 자체가 매우 놀라운 일이었습니다. 알아사드 정권은 국민 100명당 1명의 비밀경찰을 곳곳에 심어 두고 국민들을 철저히 감시하며 권력을 유지해 왔으니까요. 그렇다고 해도 사람들은 정부군이 시위하는 시민에게 진짜로 총을 쏘리라고는 생각하지 않았어요. 그러나 알아사드 정권은 청소년들의 담벼락 낙서에서 시작된 국민들의 민주화 요구 시위를 군인과 경찰을 동원해 폭력적으로 진압했고, 수천 명이 넘는 사람이 죽거나 다쳤습니다.

2011년 4월 시위에 참가했던 열세 살 소년 함자 알카티브가 시리아 정부 보안군에 체포되었습니다. 가족이 애타게 찾았지만 어디에서도 함자 알카티브를 찾을 수 없었지요. 40여 일이나 지나서야 함자 알카티브의 시신이 발견되었습니다. 그런데 그 시신에는 끔찍한 고문의 흔적이 남아 있었습니다. 이에 분노한 시민들이 점점 더 많이 거리로 나왔고 정부는 더욱 강하게 탄압했습니다. 정부는 정부 보안군이 함자 알카티브를 고문해 죽인 것이 아니라 반정부 세력이 일부러 그렇게 만들어서 그 시체를 이용하는 것이라고 해명했습니다. 그러나 시민들은 그 말을 믿지 않았지요.

잔인한 진압이 이어지자 더 이상은 시민들에게 총을 쏘지 않겠다는 정부군 군인들이 생겼습니다. 이들은 정부군에서 나와 '자유 시리아군'이라는 반군을 만듭니다. 이들이 반정부 세력과 힘을 합쳐 정부군에 무력으로 맞서면서 시리아는 내전의 소용돌이로 빠져들었습니다. 여기에 미국, 튀르키예, 사우디아라비아 등이 반정부군을 지지하고, 러시아, 중국, 이란 등이 정

부군을 지지하면서 강대국과 주변국까지 시리아 내전에 가세하여 상황을 더욱 복잡하게 만들고 있습니다.

게다가 이런 혼란스러운 틈을 타 시리아에 IS(이슬람 국가)라는 무장 단체가 만들어집니다. IS는 이라크 북부에서부터 세력을 확장하던 이슬람교 수니파 무장 테러 단체로, 사우디아라비아와 튀르키예의 간접적인 지원을 받아 왔습니다. 그들은 세계적인 이슬람 국가를 건설한다는 목표를 가지고, 국가 건설의 일환으로 이라크와 시리아 북부의 땅을 점령해 활동하고 있지요. 2015년 현재 IS는 시리아 땅의 절반 이상을 점령한 상태입니다. IS는 각종 잔인한 행위로도 악명이 높아 연일 국제 뉴스와 언론에 등장하고 있습니다.

이처럼 시리아는 정부군과 반군, IS, 이 세 세력 간의 전쟁터가 되어 시리아 국민들의 고통은 나날이 심해지고 있으며 위험한 조국을 떠나는 난민은 기하급수적으로 늘고 있습니다.

국제 연합을 비롯한 국제 사회가 나서서 내전을 끝낼 수 있도록 중재해야 하는데 어떤 나라도 나서서 그 역할을 맡으려 하지 않습니다. 자기 나라에 돌아오는 이익이 없으니 골치 아픈 일에 뛰어들지 않겠다는 것이지요. 여러 가지 복잡한 상황 속에서 시리아 내전은 끝날 기미가 좀체 보이지 않습니다.

절망 속의 희망 용기를 잃지 말고 다시 평화의 길로

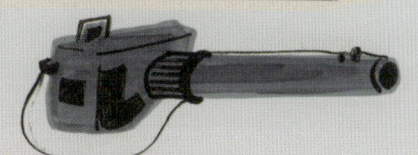

한 사진작가와 구호 단체가 튀르키예 국경에 있는 시리아 난민촌에서 네 살짜리 아디 후데아의 사진을 찍으려고 했어요. 그런데 그 아이는 카메라를 총이라고 여기고는 카메라 앞에 두 팔을 들어 올리며 "제발 쏘지 마세요!"라고 말했지요. 이 아이는 폭발 사고로 아버지를 잃고 엄마와 형제들과 살고 있었어요. 많은 사람들이 이 사진을 보고 가슴이 먹먹해졌습니다. 그리고 시리아 내전이 하루빨리 끝나기를 바라는 마음이 모든 사람의 가슴으로 퍼져 나갔지요.

3. 분쟁으로 폐허가 된 나라, 아프가니스탄

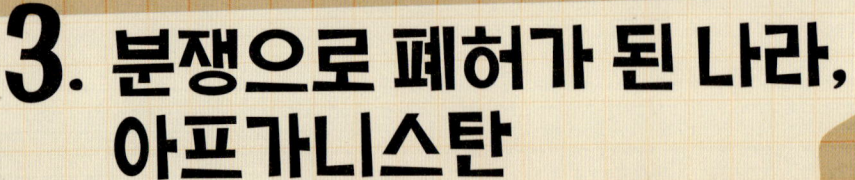

아프가니스탄

위치: 서남아시아
면적: 65만 3000km²
수도: 카불
인구: 약 3637만 명
종족 구성: 파슈툰 족 42%, 타지크 족 27%, 하자라 족 소수
공용어: 파슈토 어, 다리 어, 튀르키예 어
종교: 수니파 이슬람교 80%, 시아파 이슬람교 19%, 기타 1%
국가 원수: 대통령

그곳은, 지금

한 아버지가 여덟 살 난 딸을 육십 살 할아버지의 신부로 팔았습니다. 전쟁으로 집을 잃고 떠돌아다니는 사람들이 모여 사는 아프가니스탄 난민 캠프에서 일어난 일입니다. 고향에서는 가난해도 단란한 가정을 꾸려 왔던 이 아버지는 너무나 안타깝지만 병원비를 마련하고

식량을 사려면 어쩔 수 없다며 눈물을 흘렸습니다. 일당으로 몇 달러를 받으며 막노동 자리를 돌아다니고 있지만 대가족을 먹여 살리기에는 턱없이 부족해 결국 빚을 지게 된 것입니다.

아프가니스탄의 수도 카불에만 50곳이 넘는 난민 캠프에서 일어나는 이런 일은 더 이상 놀랍지도 않습니다. 오랜 전쟁으로 지역 사회의 모든 것이 엉망이 되어 버린 아프가니스탄의 현실이지요. 특히 여성과 어린이가 주된 피해자입니다. 바로 이들이 돈이 없어 학교에도 다니지 못하고 빚 대신 팔려 가거든요. 생활이 어려워질수록 여성을 사고파는 재산으로 여기는 풍조가 더욱 심해지고 있습니다. 엎친 데 덮

친 격으로 서구 국가들의 군대가 철수하고 유럽의 경제 위기가 깊어지면서 구호의 손길마저 줄어들고 있습니다.

가족의 빚을 갚기 위해 할아버지뻘인 남자에게 시집가는 소녀의 운명은 당연히 끔찍할 것입니다. 소녀는 가족의 한 사람이라기보다 하녀 취급을 받을 가능성이 큽니다. 이처럼 분쟁이 벌어지면 많은 사람이 죽기도 하지만 살아남은 사람에게도 지울 수 없는 상처가 남습니다.

2014년 5월 아프가니스탄 바다흐샨 주 두메산골 마을에 엄청난 비가 내리고 대규모 산사태가 발생하여 이 지역 인구의 3분의 1인 2500여 명의 주민이 흙더미에 묻혀 실종되거나 사망했습니다. 그런데 아프가니스탄 정부는 다음 날 바로 생존자 수색과 구조 작업을 중단하고 피해 지역을 집단 무덤으로 선언했습니다. 유족들의 강력한 항의로 다시 수색 작업이 이어지기는 했지만 험한 산악 지대에 변변한 장비도 없어 땅에 묻힌 사람들을 구해 낼 수 없다는 말만 되풀이했어요.

비가 많이 와서 산사태가 난 것은 언뜻 보기에는 자연재해 같지만 아프가니스탄의 상황에서는 꼭 그렇지만도 않습니다. 오랜 내전으로 정부가 무능해지고 부패할 대로 부패해 국민의 생명을 지켜 주지 못하고 있는 것이지요. 어떤 일이 일어나도 국가가 해 줄 수 있는 일은 거의 없는 것이 아프가니스탄의 안타까운 현실입니다. 정치든 경제든 모든 것이 혼란스럽고 사회 시설 대부분이 파괴된 폐허가 바로 20년 분쟁을 겪은 아프가니스탄의 현재 모습입니다.

분쟁의 역사

아프가니스탄은 파슈툰, 타지크, 하자라 등 여러 종족이 모여 이루어진 이슬람 국가입니다. 영토의 대부분이 메마른 사막과 해발 4000미터가 넘는 산악 지대입니다. 서쪽으로는 이란, 남동쪽으로는 파키스탄, 북동쪽으로 중앙아시아의 여러 나라와 맞닿아 있고, 옛날부터 동서 문화 교류가 활발했던 곳이지요. 오랫동안 수많은 나라의 침공을 받기도 했습니다.

아프가니스탄은 20세기 중반에 근대화를 향한 발걸음을 떼기 시작해 1950년대와 1960년대에는 자유주의와 서구화된 생활을 지향했습니다. 미국과 소련의 냉전 시기에는 중립국으로서 소련에서는 무기를, 미국에서는 재정을 지원받으며 비교적 평화로웠습니다.

1978년에 아프가니스탄에서 소련에 동조하는 공산주의 정권인 타라키 정부가 쿠데타를 통해 탄생했습니다. 이슬람권에서는 처음 있는 일이었습니다. 타라키 정권은 문맹 퇴치와 의무 교육 실시, 여성의 교육과 취업 지원과 함께 머리부터 온몸을 덮는 부르카를 벗게 하고 신부 지참금을 없애고 혼인의 자유를 보장하는 등 파격적인 개혁을 시작했습니다. 하지만 오랜 세월에 걸쳐 형성된 전통적인 이슬람 사고방식으로는 이러한 개혁을 쉽게 받아들일 수 없었습니다. 이슬람 교리에 어긋난다는 것이었죠.

타라키 정권은 집권 초부터 이슬람 세력의 비판에 부딪혔습니다. 같

왕의 지시로 부족 대표들이 중절모자와 연미복을 입고 행사에 참석했다. 새로운 문물을 받아들여 나라를 발전시켜 보겠다는 뜻이었다. 그렇지만 모두 떨떠름한 표정이다. 아프가니스탄 사람들은 개혁보다는 전통적 가치와 이슬람교에 대한 가치를 더 중요하게 여겼다.

은 공산당 내에서도 개혁 속도 문제로 파벌이 나뉘어 갈등을 겪고 있었고요. 이에 초조해진 타라키 정권은 더욱 강하게 공산주의 정책을 밀고 나가며 공포 정치를 펼쳤습니다. 그러자 각 지역의 부족들, 이슬람 세력들은 더욱더 반발하게 되었지요. 이 과정에서 공산당의 내분이 격해지고, 공산 정권에 대항하는 이슬람 세력의 반란이 일어났습니다. 이를 직접 진압한다는 명목으로 1979년 말 소련이 아프가니스탄을 침공했습니다. 국경을 맞대고 있는 소련으로서는 인도양으로 통하는 중요한 길목인 아프가니스탄은 꼭 자신들의 손아귀에 두어야 하는 나라였거든요. 만일 아프가니스탄에 소련에 반대하는 정권이 들어선다면 큰일이지요. 그러면 주변의 다른 나라들도 영향을 받을 것이고 결국 소련 남부 국경 쪽 안보가 위험해진다는 것을 의미하니까요.

소련이 아프가니스탄에 쳐들어오자 이슬람 국가를 지향하는 지하드 세력들은 공산 정권과 소련에 맞서 싸우기 시작했습니다. 당시는 소련을 중심으로 한 사회주의 국가들, 미국을 중심으로 한 자본주의 국가들, 이렇게 전 세계가 두 진영으로 나뉘어 서로 으르렁대던 냉전 시대였습니다. 미국은 소련이 아프가니스탄을 완전히 점령하고 주변 국까지 공산주의 국가로 만들까 봐 걱정했고, 이를 막기 위해 몰래 반정부 세력에게 미사일 등의 최신 무기를 공급했지요.

이렇게 복잡한 아프가니스탄 상황에 강대국 미국과 소련이 자기들의 이익을 위해 끼어들었으니 전쟁이 쉽게 끝날 리 없었겠지요? 이 과정에서 전 세계 이슬람 전사들이 지하드를 치르기 위해 아프가니스탄으로 속속 들어옵니다. 결국 아프가니스탄에서 훈련받은 이슬람 전사들은 이후 지구촌 곳곳에서 테러를 벌이는 세력이 되지요.

아프가니스탄을 침공한 지 10년이 지나도록 전쟁의 성과는 미미하고, 소련의 내부 상황이 안 좋아지면서 소련은 1989년 아프가니스탄에서 철수했습니다. 그동안 아프가니스탄 전쟁에 비용과 힘을 너무 많이 쏟아부은 것이 소련의 붕괴를 앞당겼지요. 소련이 붕괴되자 냉전 시대도 끝났습니다. 이제 전략적 가치가 없어졌다고 판단한 미국도 아프가니스탄에서 발을 뺐습니다. 미국도 소련도 없는 아프가니스탄에는 군인의 파벌들만 남아 수도 카불을 차지하기 위해 서로 치열한 싸움을 이어 갔지요. 결국 1992년에야 아프가니스탄 내전이 막을 내렸습니다. 사망자 200만 명, 난민 500만 명이 생겨난 뒤입니다.

내전이 끝난 뒤에도 아프가니스탄에서는 정치 불안이 계속되었고 서로 정권을 잡으려는 군벌들이 벌인 싸움으로 카불 시내가 폭격을 당해 수만 명의 시민이 죽었습니다. 이 같은 혼란 속에 등장한 세력이 바로 탈레반입니다. 이슬람 학교의 젊은이들이 주축이 된 탈레반은 부정부패를 하지 않고 민폐를 끼치지 않는 도덕적인 단체라는 믿음을 주었어요. 탈레반은 국민들의 지지를 받아 빠른 속도로 전국을 장악해 나갔지요. 탈레반은 카불의 부패한 권력층과 북부 군벌 세력에 맞서 싸워 결국 1996년에 정권을 잡습니다.

이슬람 근본주의를 내세우는 탈레반은 초기에 아프가니스탄 국민 60퍼센트 이상의 지지를 받았습니다. 그러나 집권 뒤에는 지나치게 극단적인 이슬람 원리주의 정책을 폈습니다. 언론을 탄압해 대부분의 방송국을 폐쇄했고 퇴폐적이라는 이유로 음악도 금지했으며 종교의 자유마저 억압했습니다. 또한 여성의 교육과 직업 활동

을 전면 금지시키고 모든 여성들을 집 안에 감금시키기도 했습니다.

탈레반은 이슬람 원리를 바탕으로 조직된 무장 테러 단체입니다. 젊은 사람들이 대부분이었고 부패한 정권과 군벌들에 대항해 목숨을 걸고 싸운 사람들이었지만 실제로 지역이나 나라를 다스려 본 행정적·정치적 경험은 전혀 없었지요. 그래서 더욱 원리와 근본에만 충실한 억압적인 정책을 펴며 오히려 역사를 거꾸로 돌리는 정치를 했던 것입니다. 민심은 탈레반으로부터 점점 멀어졌습니다.

그러던 중 오사마 빈 라덴이 이끄는 테러 집단 알 카에다가 2001년 9월 11일 미국 뉴욕과 워싱턴의 빌딩을 폭파시킨 9·11 테러가 발생했습니다. 이때 탈레반 정권은 오사마 빈 라덴을 보호하며 미국의 요구에도 끝까지 빈 라덴을 내놓지 않았습니다. 그러자 미국이 오사마 빈 라덴이 숨어 있다는 이유로 아프가니스탄 내 알 카에다 근거지를 공격하며 아프가니스탄을 침공했습니다.

결국 탈레반 정권은 2001년 11월 미국과 아프가니스탄 내 반탈레반 세력에 의해 정권에서 쫓겨났습니다. 그 뒤 아프가니스탄에 친미 정권이 들어섰으나 미국의 눈치만 보는 꼭두각시 정권일 뿐, 국민들의 신뢰를 전혀 얻지 못하고 있습니다. 한편 쫓겨났던 탈레반 세력이 다시 모이기 시작했습니다. 지금은 '신탈레반'이라는 이름을 얻을 만큼 다시금 아프가니스탄에서 위협적인 존재가 되어 미군과 전투를 하고 있습니다.

몇십 년을 끈 전쟁으로 수백만 명이 피해를 입고 국토는 폐허가 된 아프가니스탄에 좀처럼 평화는 찾아오지 않고 있습니다. 민족이나 종교에 따라 나뉜 여러 세력들 사이에 크고 작은 분쟁이 이어지고 있지요. 그러니 정치는 더욱 안정될 수가 없습니다. 정권을 잡은 측이 과거의 적에게 보복을 하고 다시 정권이 바뀌면 또다시 보복을 하는 악순환이 이어졌고 그 과정에서 조국을 버리고 탈출하는 사람들이 줄을 섰습니다. 20여 년의 내전, 극심한 가뭄 등을 겪으며 아프가니스탄 사람들의 평균 수명은 남자 42세, 여자 40세가 되었고, 글을 모르는 사람도 80퍼센트에 이릅니다.

무기를 파는 군수품 회사를 제외하고 전쟁은 모두에게 막심한 손해라는 것을 아프가니스탄 전쟁은 잘 보여 주고 있습니다. 10년간 아프가니스탄에서 전쟁을 치른 소련은 결국 어마어마한 전쟁 비용 부담과 국력 쇠퇴로 자국의 붕괴를 앞당겼습니다. 또한 미국은 뉴욕과 워싱턴의 심장부가 파괴되는 9·11 테러를 당하는 등 안보 위기를 겪고 있지요. 미국은 지금도 1년에 1000억 달러의 전쟁 비용을 아프가니스탄에 쏟아붓고 있습니다. 아프가니스탄 지형을 잘 아는 신탈레반의 공격으로 미군 전사자도 늘어나고 있는 상황입니다. 미국은 현재 아프가니스탄에서 철수하지도 못하고 병력을 더 보내지도 못하며 진퇴양난에 빠져 있습니다.

마인 카푼

뜻: 지뢰가 폭발하다

모양: 밤송이 모양

특장점:
① 사람이 조정할 필요가 없다. 광야, 사막 등에서도 바람에 따라 움직이면서 지뢰를 발견해 폭발시킨다.
② 지뢰가 터져도 공의 일부만 부서질 뿐 굴러가는 데 아무 영향이 없다. 파손된 부분은 대나무와 플라스틱으로 쉽게 교체 가능!
③ 저렴한 비용으로 만들 수 있다.
④ 첨단 기술이 필요 없다.

활용 계획:
전 세계 60여 개 국가에 1억 개 넘게 묻혀 있는 지뢰를 제거한다. 국제 연합과 국제 적십자 위원회가 골머리 앓고 있는 대인 지뢰 문제를 상당 부분 해결할 수 있으리라 기대한다.

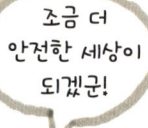

4. 위험한 동거, 중국과 소수 민족

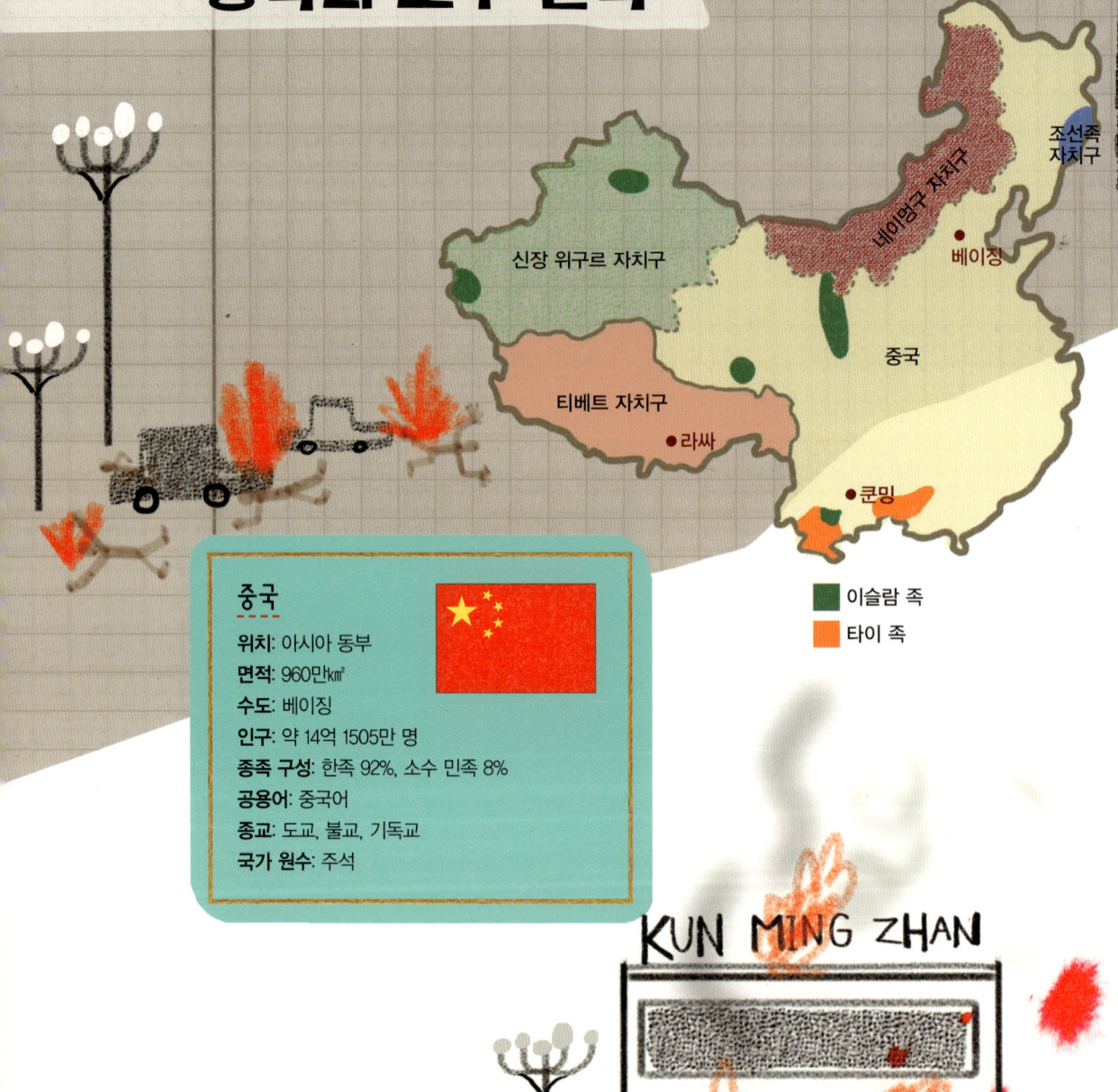

중국

- **위치**: 아시아 동부
- **면적**: 960만 km²
- **수도**: 베이징
- **인구**: 약 14억 1505만 명
- **종족 구성**: 한족 92%, 소수 민족 8%
- **공용어**: 중국어
- **종교**: 도교, 불교, 기독교
- **국가 원수**: 주석

■ 이슬람 족
■ 타이 족

그곳은, 지금

   2014년 3월, 중국 남쪽 휴양 관광 도시인 윈난 성 쿤밍의 철도역에서 테러 사건이 발생했습니다. 검은 옷을 입고 복면을 쓴 위구르 인 10여 명이 쿤밍 철도역에서 시민들을 공격해 29명이 죽고 140여 명이 다쳤습니다. 이 사건은 중국의 가장 중요한 정치적 행사인 전국 인민 정치 협상 회의(정협)와 전국 인민 대표 대회(전인대)의 개막을 앞두고 일어났습니다. 큰 국가 행사를 앞둔 중국 정부는 큰 충격을 받았습니다.

그리고 얼마 지나지 않은 5월, 우루무치 인민 공원 근처 시장에서 또 테러가 발생했습니다. 자동차 두 대가 사람들을 향해 달려들었고, 거기서 폭발물이 터져 많은 사람이 죽고 다쳤습니다.

신장 위구르 자치구에서는 2013년 한 해 동안 50여 건의 테러 사건이 일어났습니다. 2014년에도 테러로 100여 명이 죽고 수많은 사람이 부상을 당했습니다. 이처럼 독립을 요구하는 신장 위구르 인의 폭탄 테러가 끊이지 않고 있습니다.

더 큰 문제는 예전에는 신장 위구르 자치구 안에서 일어나던 테러가 중국 전 지역으로 확산되고 있다는 점입니다. 이전에는 위구르 자치구 관공서에서 근무하는 중국 공무원을 상대로 흉기를 휘두르는 수준이었다면 이제는 아무 관련 없는 시민이나 여행객에게도 테러를 저지릅니다. 차량과 화약을 이용한 테러로 피해 규모는 몇 배 더 커졌고요.

신장 위구르 자치구에 살고 있는 위구르 민족 사람들은 왜 이런 테러를 저지르고 있는 것일까요? 신장 위구르 자치구는 세계에서 석탄이 가장 많이 묻혀 있는 곳입니다. 그런데 중국 정부의 무분별한 석탄 채굴로 신장 위구르 자치구는 극심한 대기 오염에 시달리게 되었습니다. 최근에는 신장 위구르 자치구 주민의 사망 원인 1위가 결핵일 정도로 환경이 나빠졌습니다. 게다가 중국 정부가 자연을 심하게 훼손하며 무차별하게 개발하면서 가뭄이 심해져 신장 위구르 자치구는 점점 사막으로 변하고 있습니다.

문제는 또 있습니다. 중국은 예전부터 위구르 족을 차별해 왔고, 산업이 많이 개발된 지금도 위구르 사람들은 취업을 할 수가 없습니다. 주로 중국 한족이 이주해 와서 취업을 합니다. 이런 상황이 계속되자 위구르 사람들은 자신의 종족이 사라질지도 모른다는 위기감마저 안고 있습니다. 그래서 이런 불평등한 중국의 통치에서 벗어나기 위해 점점 더 과격하게 테러를 가하고 있는 것입니다.

지난 베이징 올림픽 때에도 위구르 독립 단체는 그들의 현실을 세계에 알리고자 많은 노력을 했지만 중국 당국의 철통같은 감시의 벽을 뚫지 못했습니다. 신장 위구르 자치구에 살고 있는 위구르 인들은 어떻게 해서든 중국에서 독립하려고 목숨을 걸고 싸우고 있습니다.

그렇다면 중국은 왜 신장 위구르 자치구의 분리 독립 요구에 대해 강경책을 고집하는 것일까요? 이는 신장 위구르 자치구가 독립할 경우 다른 소수 민족들도 앞다퉈 독립 전쟁을 일으킬 것이라는 생각 때문입니다. 더구나 신장은 석유와 천연가스가 중국에서 가장 많이 묻혀 있는 곳이고 석탄이 세계에서 가장 많이 매장되어 있는 지역이니 포기할 수 없는 것이지요. 대부분 산악 지대이기는 하지만 면적만 따지면 신장 위구르 자치구가 남북한을 합친 면적보다 몇 배나 넓습니다. 중국 전체 면적의 6분의 1이 넘으며 티베트와 합치면 중국 전체의 3분의 1을 차지합니다.

분쟁의 역사

중국은 한족과 55개의 소수 민족으로 이루어진 다민족 국가입니다. 소수 민족은 중국 전체 인구의 8퍼센트밖에 안 되지만 그들이 사는 지역은 전체 영토의 60~70퍼센트를 차지해요. 연변에 살고 있는 조선족도 이런 소수 민족 중 하나입니다.

그런데 전통적으로 중국은 한족은 높이 평가하고 나머지 민족은 오랑캐라며 무시해 왔어요. 이렇게 오랑캐라고 부르던 주변 국가들을 점령해 강제 합병하고 공산 국가가 된 뒤에도 소수 민족을 여전히 차별하며 각 민족의 자치를 인정하지 않았습니다. 지금도 중국에서는 한족만 관리와 국가 대표 운동선수가 될 수 있습니다. 다른 민족 사람들은 아무리 우수해도 관리가 될 수 없지요.

위구르 인들은 한때 신장 지역에서 위구르 제국을 세우고 고유문화를 발전시켜 왔습니다. 그러나 청나라 때 강제로 중국에 합쳐져 버렸지요. 이후 42차례나 독립 운동을 벌여 오고 있습니다. 위구르 족은 1944년 자치 국가로 독립했지만, 5년 만에 다시 중국에 편입되었고 1955년에 중국의 한 자치구가 되었습니다.

위구르 족은 이슬람교를 믿는 유목민의 후손으로, 중국의 한족과는 문화나 언어, 종교가 전혀 달라요. 생김새도 중국인보다는 오히려 아랍 인과 비슷합니다. 따라서 한족을 무리하게 신장 지역으로 집단 이주시키고 강제로 두 민족을 하나로 만들려는 정책은 위구르 인들에게 엄청난 불만을 사고 있습니다. 특히 최근 중국이 신장 위구르 자치구에서 위구르 인에게 불리한 경제 정책을 펴면서 위구르 인들의 생활이 더욱 나빠진 점도 중요한 갈등 원인입니다. 신장 위구르 자치구는 언제 터질지 모르는 중국의 화약고와 같은 지역입니다.

 중국의 소수 민족 문제는 신장 위구르 지역만의 이야기가 아닙니다. 티베트는 최근 위구르 유혈 분쟁이 일어나기 전까지는 중국 소수 민족 문제를 상징하는 대표 민족이었습니다. 티베트의 영토는 한반도 면적의 약 6배에 이르며, 금강석, 마그네슘, 철, 석탄, 크로뮴 등 천연

신장 지역 위구르 사람들은 중국인과 생김새가 다르다. 한족보다는 오히려 아랍 인과 닮았으며, 이슬람교를 신봉하고 유목 생활을 한다.

자원 70여 종이 매장되어 있어 경제적 가치가 무척 큽니다. 또한 군사 전략적 가치도 매우 높습니다. 고원 지대라서 무기를 배치하고 개발하는 데 완벽한 조건을 갖추고 있거든요. 특히 인도와의 충돌을 막는 완충 지대라는 점도 중국 정부가 이곳을 포기하지 못하는 이유입니다. 더욱 중요한 것은 티베트의 독립 역시 다른 소수 민족을 자극할 게 뻔하다는 점이에요. 그래서 중국 정부는 티베트나 위구르의 독립이나 자치 요구를 절대 허용하지 않는 거예요.

1959년 독립을 요구하는 대규모 시위를 벌이다가 약 860명의 티베트 인이 사망했지만 중국은 아직까지도 이 사실을 인정하지 않고 있습니다. 이때 정치와 종교의 지도자 달라이 라마는 인도 북부 다람살라로 망명했습니다. 달라이 라마는 그 뒤 수십 년 동안 중국 정부를 상대로 독립 투쟁을 펼쳤으나 2005년 티베트 봉기 46주년 기념 연설에서 더 이상 독립을 추진하지 않겠다고 선언하며 중국과의 협상을 시도했습니다. 거대한 중국에 계속 맞서다가는 티베트 인의 희생이 걷잡을 수 없이 커질 테니 어쩔 수 없이 내린 결정이지요. 티베트의 정치, 경제, 외교에 대해서는 중국에 주권을 양보하고 종교와 문화에 대해서는 티베트 자치를 인정해 줄 것을 요구했습니다.

 하지만 2008년 티베트 라싸에서 독립 시위를 하던 티베트 인들에게 중국 정부가 총을 쏘았고, 200여 명이 죽거나 다치는 사건이 일어났습니다. 그 일로 다시 중국과 티베트 사이의 갈등이 심각해졌지요. 언제 또 분쟁이 일어날지 모르는 불안정한 상태입니다.

절망 속의 희망 하늘을 흔드는 개미, 레디야 카디르

레디야 카디르는 1947년 위구르의 험악한 산악 지대에서 태어났습니다. 가난했지만 행복한 어린 시절을 보냈지요.

하지만 중국 공산당이 침입하면서 사막으로 쫓겨났고,

중국은 위구르 영토인 신장 지역뿐 아니라 티베트, 몽골 일부까지 거대한 중국의 일부로 만들어 버렸습니다.

레디야 카디르는 열다섯 살에 결혼했습니다.

아이를 여섯이나 낳았지만 남편의 폭력으로 이혼하게 되었고,

빨래 통 1개, 빨래판 3개, 비누 5개로 사업을 시작했지요.

그녀는 곧 신장 위구르 최고 갑부로 성장했습니다.

위구르의 어머니, 레디야 카디르

그러나 1997년 독립 시위를 하던 위구르 인 수백 명이 중국 경찰에게 살해당한 사건을 접하고 레디야 카디르는 가만히 있을 수 없었지요.
중국 당국에서 쉬쉬하는 사건을 캐고 목격자들을 만나면서 레디야 카디르는 정치범으로 몰려 회사까지 잃었습니다.
결국 2000년 국가 기밀 누설 혐의로 감옥에 가게 되었어요.
이후 미국으로 망명하여 위구르 인의 인권을 위해 싸워 왔고 2006년 위구르 대표로 선출되었습니다.
위구르는 언제쯤 독립을 이룰 수 있을까요?

5. 오렌지 혁명으로도 해결할 수 없는 동서 갈등, 우크라이나-러시아

우크라이나
- **위치**: 동유럽
- **면적**: 60만 4000㎢
- **수도**: 키예프
- **인구**: 약 4401만 명
- **종족 구성**: 우크라이나 인 78%, 러시아 인 17%, 고려인, 벨라루스 인 소수
- **공용어**: 우크라이나 어, 러시아 어
- **종교**: 우크라이나 정교, 가톨릭교
- **국가 원수**: 대통령과 총리 혼합

러시아
- **위치**: 동유럽
- **면적**: 1709만 8000㎢
- **수도**: 모스크바
- **인구**: 약 1억 4396만 명
- **종족 구성**: 러시아 인 80%, 타타르 인 4%, 우크라이나 인 2%, 기타 소수
- **공용어**: 러시아 어
- **종교**: 러시아 정교 15%, 이슬람교 10%, 기독교 2%
- **국가 원수**: 대통령

그곳은, 지금

2014년 2월, 우크라이나 수도 키예프에 있는 마이단(독립 광장)에 수십만 명의 시민들이 모여들기 시작했습니다. 주로 서부 지역 사람들이었습니다. 우크라이나는 수도 키예프를 지나는 드네프르 강을 사

이에 두고 크게 동부와 서부, 그리고 남쪽 크림 반도로 나뉩니다. 그런데 지역감정이 심해 서로 사이가 좋지 않습니다. 그 이유는 동부와 크림 반도는 러시아를 지지하고(이후 친러시아파, 친러파), 서부는 러시아를 불편하게 생각하며 유럽과 가까워지기를 원하기 때문입니다.

 2010년에 취임한 빅토르 야누코비치 대통령은 친러시아파입니다. 취임 이후 서부 지역 사람들이 희망했던 유럽 연합 가입을 취소하고 러시아와 손을 잡겠다고 발표했지요. 그러자 서부 지역 사람들이 광장에 모여 몇 달째 시위를 이어 갔습니다. 시위대의 항의가 수그러들지 않자 다급해진 정부군이 시위대를 향해 총을 쏴 많은 부상자와 사망자까지 생겼습니다. 이에 분노한 시민들이 마이단에 더 많이 모여들어 희생자들을 애도하며 "대통령은 물러나라!"라고 외쳤지요. 결국

야누코비치 대통령은 성난 시민들을 피해 러시아로 도망갔습니다.

우크라이나가 혼란에 빠지자 러시아는 크림 반도에 군대를 보냅니다. 크림 반도는 우크라이나 남부 지방에 붙은 흑해와 아조프 해에 둘러싸인 반도 지역으로, 여기에는 약 60퍼센트의 러시아 인과 약 24퍼센트의 우크라이나 인이 살고 있습니다. 그래서 러시아는 자기 동포를 보호한다는 이유로 우크라이나 땅인 크림 반도에 군대를 보낸 것입니다. 우크라이나는 러시아의 침략을 비난했지만 대항할 힘이 없어 아무런 손도 쓰지 못하고 크림 반도를 러시아에 내주었습니다.

왜 우크라이나 사람들은 자기 나라도 아닌 러시아를 지지하느냐 반대하느냐 하는 문제를 놓고 갈등을 일으킬까요? 그리고 러시아는 왜 자기 땅도 아닌 곳에 마음대로 군대를 보내고 우크라이나의 여러 문제에 참견을 하는 것일까요?

분쟁의 역사

우크라이나는 러시아, 벨라루스, 폴란드, 슬로바키아, 헝가리, 루마니아, 몰도바, 이렇게 7개 나라와 국경을 맞대고 있습니다. 여러 나라와 국경을 맞대고 있다 보니 독립 국가였던 적이 별로 없을 정도로 다른 나라의 침략을 많이 받았지요. 본디 러시아와 우크라이나는 거의 1000년 동안을 같은 지역에 살았던 뿌리 깊은 역사를 공유하고 있습니다. 그리고 오랫동안 여러 전쟁과 분쟁을 겪으며 여러 민족이 섞여

드네프르 강. 러시아에서 시작하여 벨라루스와 우크라이나를 지나 흑해로 흘러가는 거대한 강이다. 우크라이나는 드네프르 강을 경계로 동쪽과 서쪽의 민족과 산업, 정서, 역사 등이 매우 달라 동부 우크라이나와 서부 우크라이나의 갈등이 심각하다.

사는 나라가 되었습니다. 어쩌면 이게 바로 우크라이나 갈등의 가장 큰 원인인지도 모릅니다.

현재 우크라이나 인구 가운데 우크라이나 인 비율은 약 80퍼센트, 러시아 인은 약 20퍼센트입니다. 서부는 지리적·문화적·민족적으로 리투아니아, 폴란드, 오스트리아, 헝가리 등 유럽 나라와 가깝습니다.

우크라이나는 러시아가 소련(소비에트 연방)이라는 큰 나라를 이루고 있을 때 소련의 일부로 편입되었습니다. 당시 소련은 동유럽의 많은 나라들을 자기 나라로 편입시켜 큰 나라를 이루고 있었지요. 그리고 1991년 소련이 무너지면서 우크라이나도 다른 여러 동유럽 나라들처럼 소련에서 독립합니다.

우크라이나의 서부 지역은 우크라이나가 소련에 편입되어 있던 시절에 소련으로부터 차별을 받아 왔기 때문에 반러시아 정서가 강합니다. 반대로 동부는 러시아와 붙어 있고 러시아에서 이주해 온 사람들이 많아 친러시아적입니다. 또 우크라이나 남부 지방인 크림 반도는 본디 러시아 땅이었는데 러시아가 소련이었을 당시 우크라이나에 편입시킨 지역입니다. 우크라이나가 소련에 편입되어 있을 때는 어차피 같은 나라이니 크림 반도가 어느 쪽에 속하든 별 상관이 없었습니다. 그런데 독립을 했으니 사정이 다르지요. 크림 반도는 우크라이나에도 러시아에도 군사적으로 중요한 지역입니다. 그래서 러시아는 자기 땅이기도 했고 군사적으로도 중요한 지역인 크림 반도를 차지하기 위해 침공한 것입니다.

이런 역사 속에서 서부 우크라이나는 러시아에 반대하는 반러시아파, 동부 우크라이나와 크림 반도는 러시아와 친한 친러파의 색깔을 띠게 되었습니다. 그래서 지금까지도 심각한 지역 간 갈등이 계속되고 있습니다.

이렇듯 우크라이나는 러시아와 복잡하게 얽히고설켜 있어 우크라이나를 설명할 때 러시아를 빼놓고는 설명이 불가능할 정도입니다. 게다가 우크라이나의 경제는 많은 부분 러시아에 의존하고 있습니다. 우크라이나에 있는 산업 지대 역시 대부분 러시아계 사람들이 많이 살고 있는 동부에 몰려 있습니다. 그래서 우크라이나에서 동부를 빼면 우크라이나는 가난한 농업 국가나 다름없는 지경이지요.

2004년 우크라이나에서 동부의 지지를 받고 있는 친러시아파 대통령이 당선되었습니다. 그런데 부정 선거가 의심되어 수십만 명의 시민들이 수도 키예프 독립 광장에 모여 항의하기 시작했습니다. 시민들은 반러시아파인 야당을 상징하는 오렌지색 옷을 입거나 목도리를 걸치고, 오렌지색 깃발을 휘두르며 대규모 시위를 이어 갔습니다. 이것이 우크라이나 오렌지 혁명입니다. 시민들의 항의 시위가 거세지자 결국 선거를 다시 치르게 되었고, 새로 당선된 대통령은 일방적으로 러시아와 협력하지 않고 유럽과의 협력을 추진했습니다. 많은 국민들이 이제 러시아에 의존하지 않는 온전한 독립 국가인 우크라이나를 꿈꾸었습니다. 유럽 연합에 가입해 경제도 발전시키고 러시아에 억눌리지 않는 나라다운 나라가 꾸려질 것이라고 기대했습니다.

하지만 우크라이나와 러시아의 관계는 그렇게 간단하지 않습니다. 우크라이나는 동쪽으로는 러시아, 서쪽으로는 유럽의 많은 나라들과 국경을 맞대고 있고, 러시아에서 유럽으로 들어가는 길목에 위치하고 있습니다. 이처럼 지리적 위치뿐만 아니라 경제적·안보적 차원에서도 우크라이나는 러시아에 있어 매우 중요한 나라입니다.

한편 러시아에는 세계에서 가장 많은 양의 천연가스가 묻혀 있습니다. 그리고 이 천연가스의 60퍼센트 이상을 유럽으로 수출하고 있지요. 천연가스는 화물차나 배에 실어 운반하는 것보다 가스관을 땅에 묻어 이를 통해 이동하는 게 훨씬 간편합니다. 그래서 러시아는 우크라이나와 유럽의 여러 나라에까지 가스관을 설치해 많은 양의 천연가스를 판매하고 있지요. 이 가스관의 80퍼센트가 우크라이나 땅을 지나고 있고요. 그 대신 러시아는 우크라이나에는 유럽과 달리 헐값에 천연가스를 제공해 왔습니다.

시민들의 시위로 우크라이나에 반러시아 정부가 들어서자 러시아는 즉시 보복을 가했습니다. 우크라이나에 들어선 반러시아 정부가 유럽으로 가는 가스관을 막아 버리겠다고 하면 러시아로서는 무척 곤란해질 테니까요. 그 첫 번째 보복 수단은 바로 천연가스 공급을 중단하는 것이었습니다.

러시아는 우크라이나에 가스 가격을 유럽과 같은 가격으로 인상하겠다고 통보했습니다. 그리고 그동안 갚지 못한 천연가스 대금도 당장 갚으라고 했지요. 이에 맞서 우크라이나도 러시아가 유럽에 가스를 팔지 못하게 가스 밸브를 잠그겠다고 으름장을 놓았습니다. 그러자 러시아는 우크라이나에 가스 공급을 중단해 버렸습니다. 이틀 뒤 가스가 다시 공급되긴 했지만 러시아가 제공하는 거의 공짜나 다름없는 가스로 공장을 움직이고 난방을 하는 우크라이나 사람들은 큰 충격을 받았습니다. 한겨울에 러시아가 가스 밸브를 잠그면 모두 얼어 죽을 수도 있겠다는 공포를 느낀 것이지요. 이런 공포는 러시아에 반

러시아에서 생산되는 천연가스는 대부분 우크라이나 땅에 묻힌 가스관을 거쳐 유럽으로 수출되고 있다. 따라서 러시아 입장에서 우크라이나는 매우 중요한 이웃 나라이고 그만큼 우크라이나에 지나치게 간섭하는 것이다.

대하면 안 되겠다는 두려움을 갖게 만들었고요.

이 일을 겪은 뒤 2010년 우크라이나에서 새로운 대통령을 뽑는 선거가 있었습니다. 우크라이나 사람들은 지난 선거와 달리 러시아를 반대하는 정당에 투표하지 못했습니다. 결국 러시아를 지지하는 야누코비치가 대통령이 되었던 거예요. 친러파 야누코비치 대통령은 국민들의 반대를 무시하고 일방적으로 친러시아 정책을 폈습니다. 더구나 야누코비치 대통령의 부정부패와 도를 넘는 호화로운 생활이 알려지자 국민들은 더욱 분노했고 오렌지 혁명 10년 만에 다시 한 번 시민

혁명이 일어나게 된 것입니다. 야누코비치 대통령은 대화하는 척하며 뒤로는 군대를 동원해 시민들을 탄압했습니다. 결국 야누코비치 대통령은 모든 것을 빼앗기고 도망갈 수밖에 없었지요. 도망간 곳은 역시 러시아였습니다. 그리고 우크라이나는 또다시 친러시아파와 반러시아파로 나뉘어 내전에 휩싸이게 됩니다. 이렇게 혼란스러운 틈을 타 러시아는 우크라이나의 크림 반도를 장악한 것이고요.

러시아가 이렇게 우크라이나에 집착하고 괴롭히는 이유가 유럽으로 가는 가스관 말고 또 있습니다. 러시아는 유럽의 여러 나라들과 조금 불편한 관계에 놓여 있습니다. 그나마 우크라이나가 지리적으로 러시아와 유럽 사이에 있어서 러시아는 불편한 유럽과 직접 상대하지 않아도 되지요. 그런데 우크라이나가 러시아를 등지고 유럽과 가까워진다면 러시아로서는 매우 불리한 상황이 되겠지요.

아직도 우크라이나의 정치 상황은 혼란스럽습니다. 동부 지역을 기반으로 하는 정권이든 서부 지역을 기반으로 하는 정권이든 명확한 해답을 줄 수 있는 상황이 못 된다는 것이 문제입니다. 완전한 독립국이 된 지 25년밖에 되지 않은 우크라이나가 정치적 안정을 얻을 날은 언제일까요?

절망 속의 희망

전쟁 반대, 우리는 우크라이나와 함께합니다!

2014년 9월, 러시아 수도 모스크바에 수만 명의 사람들이 모여 평화로운 가두 행진을 벌였습니다. 그 사람들이 외친 것은 러시아의 우크라이나 전쟁 개입 반대였는데, 모인 사람들은 모두 러시아 인이었지요. 오후 4시부터 모스크바 시내 중심의 푸시킨 광장에 모여들기 시작한 시위대는 평화적으로 거리 행진 시위를 벌인 뒤 해산했습니다. 지금까지 대부분의 러시아 국민은 블라디미르 푸틴 대통령의 크림 반도 병합과 우크라이나 동부 친러시아 세력 지원에 찬성하며 전쟁을 모르는 체해 왔습니다. 그런데 이날 우크라이나에 대한 러시아

개입에 항의하는 대규모 시위가 처음으로 열린 것입니다. 유명 인사를 포함한 시위대는 이날 모스크바 중심가를 행진하면서 2014년 4월부터 지금까지 거의 3000명의 사망자를 낸 우크라이나 내전에 러시아가 참견해 사태를 키웠다고 강하게 비판했어요. 시위에 나온 러시아 국민은 푸른색과 노란색으로 이루어진 우크라이나 국기를 들고서 "전쟁 반대", "우크라이나여, 우린 여러분과 함께한다!"라는 구호를

외쳤습니다. '평화의 행진'이라고 이름 붙여진 이 가두시위는 러시아 언론이 우크라이나 관련 보도를 하나도 하지 않는 상황 속에서 펼쳐졌습니다. 시위에 앞서 러시아 유명 인사들은 앞다퉈 시위에 함께하자는 글을 SNS에 올리기도 했어요. 러시아의 제2 도시 상트페테르부르크에서도 수많은 사람이 모여 러시아의 우크라이나 전쟁 개입에 반대하는 시위를 벌였고, 이는 이후 다른 지역으로 이어졌습니다.

이후 2022년 러시아는 우크라이나를 침공해 전쟁을 일으켰고 그 전쟁은 지금도 계속되고 있습니다.

6. 버림받은 지상 낙원, 카슈미르 지역

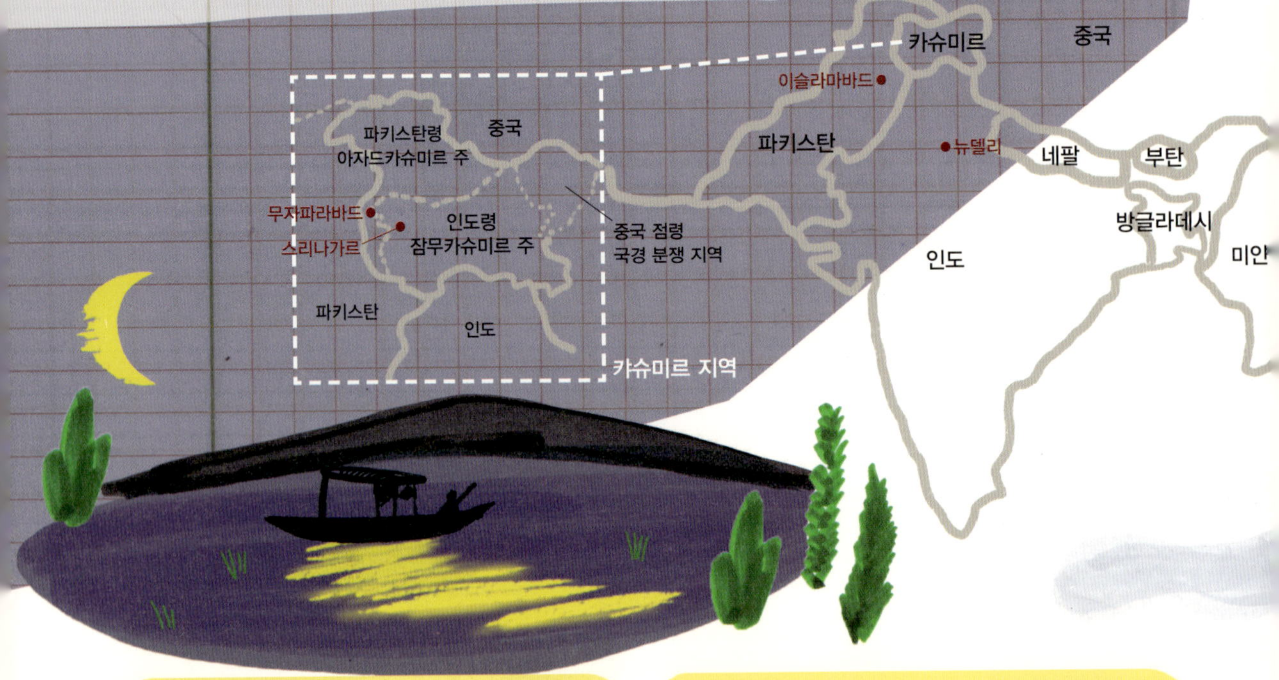

인도
- **위치**: 남부 아시아 
- **면적**: 328만 7000㎢
- **수도**: 뉴델리
- **인구**: 약 13억 5404만 명
- **종족 구성**: 인도-아리아 족 72%, 드라비다 족 25%, 몽골 족 및 기타 3%
- **공용어**: 힌디 어(40%) 외 14개 공용어, 영어(상용어)
- **종교**: 힌두교 81%, 이슬람교 13%, 기독교 및 기타 6%
- **국가 원수**: 대통령 (형식적 지위, 행정부 수반 총리가 있다)

파키스탄
- **위치**: 서남아시아
- **면적**: 79만 6000㎢
- **수도**: 이슬라마바드
- **인구**: 약 2억 777만 명
- **종족 구성**: 펀자브 인, 파슈툰 족, 신드 인 등
- **공용어**: 우르두 어, 펀자브 어, 신디 어, 영어
- **종교**: 이슬람교 97%, 힌두교·기독교·기타 3%
- **국가 원수**: 대통령

그곳은, 지금

2014년 8월 카슈미르 지역에서 인도와 파키스탄 두 나라가 분쟁을 일으켜 4명이 죽었습니다. 인도 측은 경계 지대에 살던 아버지와 여덟 살 난 아들이 파키스탄 측 공격으로 사망했다고 밝혔고, 반대로 파키스탄 측은 인도군이 먼저 공격해 여성 한 명과 60대 노인 한 명이 죽은 것이라며 비난했습니다.

카슈미르는 히말라야 산맥의 아름다운 고산 지대에 자리한 지역으

로, 빼어난 자연환경으로 유명합니다. 고산 지대라 사시사철 눈을 볼 수 있고, 아름다운 호수가 여럿 있어 '하늘이 내린 관광지'라고 불리지요. 옛 인도 황제들의 여름 궁전, 달 호수(스리나가르 북동쪽에 있는 길이 약 8킬로미터, 너비 약 5킬로미터의 호수)는 풍경 등이 아름답기로 소문나서 '행복의 계곡', '지상 낙원'이라는 별명이 붙어 있기도 합니다. 또한 캐시미어(카슈미르 지방에서 나는 산양의 털로 짠 고급 모직물)로도 유명해요. 많은 인도 사람들이 휴가를 즐기러 이곳으로 여행을 오곤 했습니다.

하지만 오랜 분쟁으로 지금은 곳곳에 장갑차가 세워져 있고 군인들이 보초를 서는 초소들, 총을 어깨에 멘 채 거리를 순찰하는 군인들과 경찰들이 있어 이곳이 안전하지 않음을 순간순간 일깨워 줍니다. 이렇듯 지금의 카슈미르는 오랜 분쟁으로 낙후되고 황폐화되어 희망이 없어 보이는 땅입니다. 카슈미르는 한반도와 비슷한 면적에 인구는 1200만 명 정도이며, 이 중 약 70퍼센트는 이슬람교도, 나머지는 힌두교도입니다.

1947년 파키스탄이 영국과 인도에서 독립한 이후 이 두 나라 북부에 위치한 카슈미르 지역을 어느 나라에 속하게 할지를 두고 분쟁을 이어왔습니다. 인도와 파키스탄은 끊임없이 전쟁을 해 왔고, 둘 다 핵도 보유하고 있습니다. 이 분쟁에 중국까지 개입하면서 현재 카슈미르는 인도, 파키스탄, 중국 이 세 나라가 분할 점령하고 있습니다.

분쟁의 역사

제2차 세계 대전 이후 인도는 영국에서 독립했습니다. 그러나 그 과정에서 종교 갈등을 극복하지 못했습니다. 당시 인도, 파키스탄, 방글라데시는 무굴 제국으로 통합되어 있었지만 종족, 언어, 종교가 달랐지요. 이 모든 걸 다 통합하는 하나의 인도로 독립하기 위한 노력이 있었고 그 중심에 서 있던 사람이 바로 마하트마 간디였습니다. 하지만 힌두교와 이슬람교의 갈등이 워낙 심해 통합하기 어려웠어요. 결국 간디가 암살당한 뒤 파키스탄과 인도는 두 나라로 나뉘어 독립했습니다. 1971년에는 파키스탄에서 방글라데시가 독립하면서 세 나라로 나뉘게 되지요.

이때 인도 북부와 파키스탄 북동부, 중국 서부와 접해 있던 카슈미르는 인도와 파키스탄 어느 곳으로도 편입되기 힘든 상황이었어요. 인도와 파키스탄 분리 당시 카슈미르의 지도자는 힌두교도였기 때문에 인도에 편입하고 싶어 했지만 인구의 70~80퍼센트가 이슬람교도였기 때문에 국민들은 파키스탄에 속하기를 바랐습니다.

1947년 파키스탄의 지원을 받은 이슬람 무장 세력이 수도를 점령하려고 하자 힌두교도들은 인도에 지원을 요청했고 인도와 파키스탄 사이에 전쟁이 벌어졌습니다. 이 전쟁으로 카슈미르는 인도와 파키스탄이 나누어 차지하게 되었습니다. 이후에도 카슈미르 지역에서는 인도와 파키스탄 사이에 전쟁이 두 차례 더 일어났고 지금도 분쟁이 끊이지 않고 있습니다.

인도령 카슈미르와 파키스탄령 카슈미르의 경계에는 우리나라의 휴전선과 같이 서로가 왕래할 수 없는 '통제선(Line of Control, LoC)'이 생겼어요. 그 뒤 티베트의 지도자 달라이 라마가 망명할 때 중국과 인도가 전쟁을 일으켰고 그 결과 중국도 카슈미르의 일부를 차지하게 되었

우리 몫도 있지!

아니, 왜 이렇게 많은 나라가 달려드는 거야?

여기는 우리 인도 땅이지.

여기는 파키스탄 땅.

습니다. 결국 카슈미르는 셋으로 나뉘게 되었지요.

절망 속의 희망

카슈미르 평화 버스

파키스탄에 사는 이르샤(남, 65세)는 동생 무함마드(남, 63세)를 만나러 가기 위해 버스에 올랐습니다. 파키스탄에서 출발한 버스가 카슈미르 카만 초소 앞에 멈추어 섰습니다. 반대편 인도에서 온 버스도 이곳에 멈추어 섰습니다. 두 버스에서 내린 사람들은 감격스러운 마음으로 이곳에 무사히 도착한 것을 기뻐했습니다. 버스는 그곳에 멈추어 선 채 승객을 맞바꾸어 태우고서 처음 왔던 곳으로 되돌아갔습니다. 이것이 '카슈미르 평화 버스'라고 불리는 인도-파키스탄 간 버스입니다.

이르샤도 인도행 버스로 옮겨 타고 어릴 적 떠나온 고향으로 향했습니다. 소년 시절, 이르샤는 친구를 만나러 파키스탄 지역으로 건너갔다가 집으로 돌아가지 못했어요. 이르샤도 가족들도 이별이 이렇게 길어질 줄은 꿈에도 생각하지 못했습니다. 곧 다시 만나서 함께 살 수 있으리라고 생각했지요.

하지만 소년 시절에 헤어진 형제는 이제 50년이 지나 백발이 되어 만나게 되었습니다. 부모님은 모두 돌아가셨고요. 형제는 만나자마자 말 한마디 제대로 못 하고 꼭 껴안았습니다. 형제는 하루하루가 너무나도 소중했습니다. 잠자는 시간마저 아까워 나란히 누워 밤새 이야

기를 나누었습니다. 이르샤는 고향 마을을 돌아보고 또 돌아보았습니다. 변한 곳도 많고 그대로인 곳도 있었습니다. 동생과 헤엄치며 놀던 강에 나가 추억에 잠기기도 했습니다.

수많은 이산가족이 있는 카슈미르에서 인도와 파키스탄 두 나라는 많은 병력을 대치하며 끊임없이 긴장감을 키워 가고 있습니다. 하지만 카슈미르의 분쟁을 끝내려는 노력이 생겨나기 시작했고, 그 결과 평화 버스가 생긴 것입니다.

우리나라 이산가족들도 버스를 타고 판문점에서 만나 서로 반대편 버스를 타고 고향에 가 그동안 만나지 못했던 가족을 만날 수 있으면 얼마나 좋을까요.

7. 다이아몬드가 너무 많아 슬픈 나라, 시에라리온

왜들 정글로 들어가지?

시에라리온

위치: 서아프리카, 북대서양 연안
면적: 7만 2000km²
수도: 프리타운
인구: 약 772만 명
종족 구성: 멘데 족 30%, 템네 족 30%, 크레올 족 10%, 기타 13개 소수 부족 30%
공용어: 영어
종교: 이슬람교 60%, 토착 종교 30%, 기독교 10%
국가 원수: 대통령

그곳은, 지금

2014년 여름, 세계를 공포에 떨게 한 에볼라 바이러스. 이 바이러스에 감염되면 걷잡을 수 없이 피를 흘리며 처참하게 죽습니다. 아직까지는 예방법도 없고 치료약도 없는지라 일단 걸리면 낫는 것이 거의 불가능하다고 알려지면서 전 세계를 공포에 빠뜨렸죠. 에볼라는 병에 걸린 환자가 그 병으로 죽는 비율인 치사율이 70퍼센트를 넘고 있습니다. 일단 걸리면 10명 가운데 7명은 죽는다는 것이지요. 그래서 국제적인 행사에서도 아프리카 사람들이 오는 것을 꺼릴 정도로 사람들 사이에 공포감이 커졌습니다.

에볼라 바이러스는 기니, 시에라리온, 라이베리아, 나이지리아 같은 서아프리카 지역에서 발생했습니다. 이 아프리카 국가들에는 공통점이 있습니다. 바로 자원이 많은 자원 부국이면서 내전 국가라는 점이죠. 가진 것이 많으면 행복하게 잘 살아야 하는데 오히려 이 풍부한 자원 때문에 싸움이 일어나 전쟁과 굶주림으로 고통받다가 죽는 사람이 많았습니다. 엎친 데 덮친 격으로 에볼라 바이러스 같은 치명적인 바이러스까지 퍼졌으니, 더 많은 사람들이 고통받고 있지요.

시에라리온 역시 다이아몬드를 둘러싸고 정부군과 반군 사이에 벌어진 내전에 10년 가까이 시달렸습니다. 1999년 정부군과 반군은 평화 협정을 맺고 공식적으로 내전은 끝났습니다. 하지만 문제는 여전히 남아 있습니다. 내전 때 손발이 잘려서 앞으로의 생계가 막막한 사람들, 반군에게 이용당해 어린 나이에 전쟁에 참가할 수밖에 없었던

소년병 문제 등입니다.

내전이 끝난 지 15여 년이 지난 지금, 시에라리온은 조금씩 안정을 찾아가고 있기는 합니다. 하지만 여전히 불안한 정권과 가난한 국가는 에볼라 바이러스처럼 치사율이 높은 병이 퍼지기 시작해도 국민들에게 해 줄 수 있는 게 별로 없습니다. 오랫동안 나라의 기능을 상실했었고, 제대로 안정을 찾기 위해서는 아직도 시간이 많이 필요하기 때문입니다.

게다가 이 바이러스는 백신도 없습니다. 엄청난 돈을 들여 백신을 개발한다고 해도 가난한 아프리카 사람들이 돈을 주고 살 수 없을 것이라 여긴 제약 회사들이 백신 개발에 투자를 소홀히 하기 때문이지요. 만약 그들이 부유했다면 제약 회사들이 앞다투어 백신 개발에 투자해 약을 만들어 팔거나 국가가 나서서 투자했겠지요.

이렇듯 오랫동안 내전에 휩싸였던 나라들은 전쟁의 후유증과 불안정한 정권, 가난한 국민으로 악순환이 이어지고 있습니다. 전쟁은 그 자체로도 인간과 나라를 철저하게 파괴하지만 또 다른 다양한 방법으로 남아 있는 사람들에게 지울 수 없는 상처를 남깁니다.

분쟁의 역사

서아프리카 여러 나라도 길고 긴 내전에 시달려 온 지역으로 꼽힙니다. 지난 10년 동안 내전을 치러 온 시에라리온과 기니, 라이베리아,

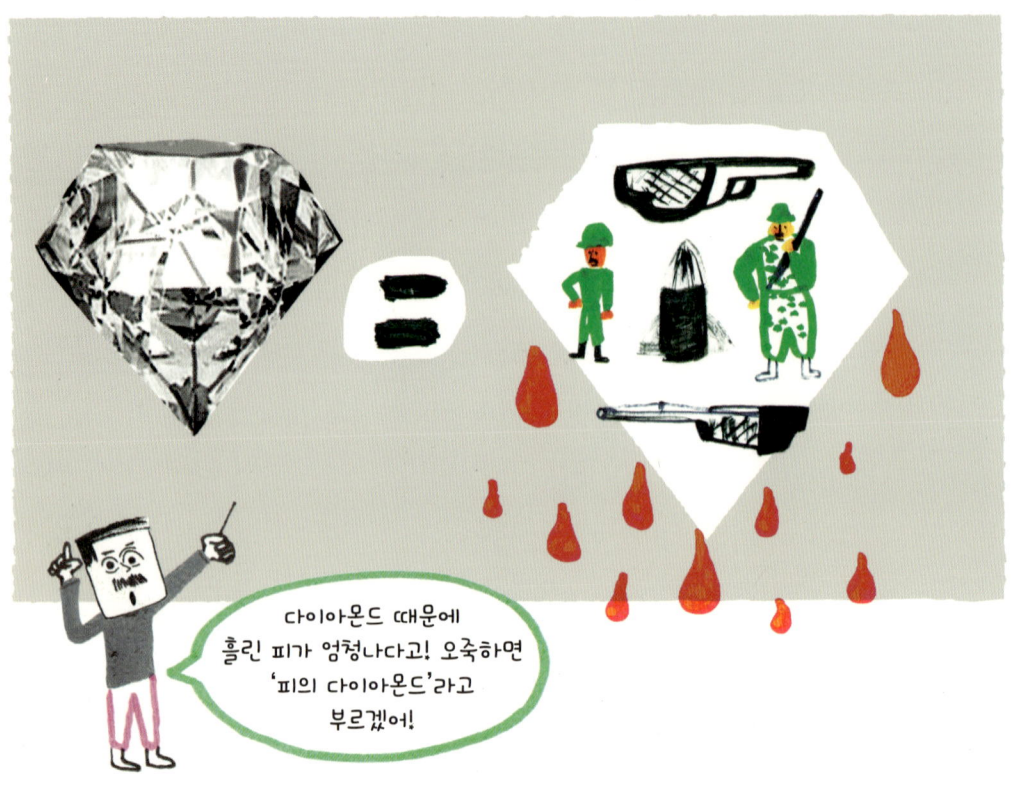

코트디부아르 등이 그렇지요.

시에라리온은 1961년 영국에서 독립했습니다. 독립 직후 나라는 혼란스러웠습니다. 처음에는 민주 정부가 들어서는가 했지만 여러 번의 쿠데타로 민주 정부는 설 곳을 잃었지요. 쿠데타로 인해 정권은 불안했고, 여기에 다이아몬드, 보크사이트, 철광석 등 풍부한 천연자원을 몇몇 정부 관료들이 독점하면서 부패도 심했습니다. 이런 와중에 1991년 '혁명 연합 전선(Revolutionary United Front, RUF)'이라는 이름을 단 반군이 정부에 반대하여 무기를 들고 내전을 일으켰습니다.

시에라리온은 여러 자원이 풍부하고, 그 가운데에서도 특히 다이아몬드가 풍부한 국가입니다. 다이아몬드가 많으면 부유하고 행복하게 잘 살 수 있는데 왜 서로 죽고 죽일까요? 시에라리온의 내전은 아프리카 내전의 전형적인 모습입니다. 오랫동안 서구 열강의 식민지로 있다가 독립하면서 민주 정부를 세우려고 시도하지만 나라가 불안한 틈을 타 곧 쿠데타가 일어나고 군사 정권이 들어섭니다. 쿠데타로 정권을 잡으면서부터, 쿠데타가 또 다른 쿠데타를 부르면서 걷잡을 수 없는 내전의 소용돌이에 휘말리게 되지요.

시에라리온의 내전이 바로 딱 그런 양상을 보입니다. 이런 때에 풍부한 지하자원은 오히려 재앙을 부릅니다. 내전을 치르면서 정부군과 반군은 전쟁에서 이기려고 다이아몬드를 이용했습니다. 다이아몬드를 팔아서 벌어들인 많은 돈으로 전쟁 무기를 사거나 병사를 고용했던 것이죠. 그래서 이 지역에서는 다이아몬드를 '피의 다이아몬드'라고 부릅니다. 결국 다이아몬드를 판 돈은 무기가 되어 다시 전쟁을 이어 가는 데 쓰였습니다.

아프리카 내전은 풍부한 지하자원의 이익을 둘러싼 무장 집단 또는 부족 사이의 갈등이 주요 원인인 경우가 많습니다. 시에라리온 정부군과 반군의 내전은 1999년 평화 협정을 체결하며 서로 무기를 내려놓기로 결정했습니다. 그러나 종전 이후 국민들을 기다린 건 지독한 가난이었지요. 그래서 반군 중 많은 사람들이 무기를 반납하지 않았

시에라리온 내전의 주요한 원인인 다이아몬드는 '피의 다이아몬드'라고 불린다. 시에라리온의 한 광산에서 사람들이 다이아몬드를 채취하고 있다.

어요. 그들은 정글에서 살면서 가끔 무기를 들고 시내에 나와 범죄 행위를 한 뒤 다시 정글로 돌아가는 생활을 하고 있습니다.

  시에라리온 내전은 국민들에게 큰 상처를 주었습니다. 전쟁이 만들어 낸 여러 문제 중에서도 심각한 것은 소년병 문제예요. 열 살을 갓 넘긴 소년병들은 마을을 불태우고, 적군의 기지를 정찰하고, 포로를 잡아 와 그들의 손목을 잘라야 했습니다. 실제 병사처럼 훈련받고 계급도 주어졌지요. 그런데 소년들이 도대체 어떻게 전쟁터에 뛰어들게 된 걸까요? 대부분의 소년병들은 강제로 전쟁에 이용되었습니다. 정부군과 반군 모두 싸움에 내보낼 병사들이 필요했어요. 그래서 전쟁으로 집을 잃고 떠돌아다니는 소년들에게 먹을 것을 준다며 데려온 뒤, 그들을 속이고 강제로 마약을 먹였습니다. 마약을 먹은 소년들은 당연히 마약에 중독되었고요. 그러자 군인들은 그 소년들에게 같이 싸우면 마약을 주겠다며 총을 들라고 했습니다. 군인들은 소년병들의 폭력성을 끌어내기 위해 잔인한 전쟁 영화를 보여 주고 더욱더 많은 마약을 제공했습니다. 심지어 포로를 붙잡아 누가 더 빨리, 더 잔인하게 죽이는지 게임을 시키기도 했습니다.

그렇게 비참하게 살던 소년병들은 전쟁이 끝난 뒤 고향으로 돌아왔습니다. 하지만 소년병들의 잔인한 짓을 지켜보았던 고향 사람들이 이들을 반길 리 없었습니다. 결국 소년병들은 다시 고향을 떠나 떠돌아다니며 살아야 하는 신세가 되었습니다.

내전 기간 동안 4000명이 넘는 사람들이 손과 발을 잘렸습니다. 다시는 총을 들고 싸우지 못하도록 적의 손발을 미리 잘라 버린 것입니다. 시에라리온 사람들은 농사를 지으며 살았습니다. 손발이 없으면 농사를 지을 수도, 다른 일을 할 수도 없습니다. 내전은 끝났지만 영원한 실업, 끔찍한 가난과 불투명한 미래가 이들 앞에 놓여 있습니다. 또 수많은 여성들이 전쟁 당시 성폭행을 당했으며 전쟁 중 수십만 명이 사망했습니다. 인구의 3분의 1이 살 곳을 잃고 난민이 되었지요. 전쟁이 끝난 지금까지도 시에라리온은 혼란과 가난에서 벗어나지 못하고 있습니다. 그리고 언제 다시 다이아몬드를 둘러싸고 분쟁이 벌어질지도 알 수 없어요.

절망 속의 희망 집으로 가는 길, 소년병의 눈물

내 이름은 이스마엘 베아입니다. 1980년에 시에라리온에서 태어났어요. 난 어릴 적부터 랩을 좋아하고 춤을 잘 췄어요. 내 꿈은 가수였죠.
어느 날 친구들과 함께 이웃 마을에서 열리는 장기 자랑 대회에 나가려고 집을 나섰다가 정부군과 반군의 총격전을 목격하게 되었습니다. 너무 무서워서 집으로 돌아가지도 못하고 떠돌다가 정부군에 잡혀 소년병이 되었지요.
그때 내 나이 열세 살. 내게 다른 선택은 없었어요. 그 얼마 전 열일곱 살 우리 형이 소년병이 되지 않겠다고 하다가 그 자리에서 총에 맞아 죽는 걸 내 두 눈으로 똑똑히 보았거든요. 난 그때 총을 잡는 게 무얼 뜻하는지도 몰랐습니다. 그저 내가 죽지 않기 위해 총을 잡았지요.
그래도 나는 참 운이 좋은 사람입니다. 국제 연합 평화 유지군에 구출되어 국제 연합 아동 기금(유니세프)의 도움으로 재활 치료를 받았고, 뉴욕에서 유네스코 증언 프로그램에 참가해 전쟁이 얼마나 비극적이고 비인간적이고 잔인한지 세상에 알리는 일을 할 수 있었거든요.
내가 쓴 소설 《집으로 가는 길》은 내 아픈 과거 이야기이기도 합니다. 너무 아파 꺼내기도 어려운 과거이지만 더 이상 나 같은 소년병이 생기지 않길 바라는 마음으로, 전 세계인에게 내 이야기를 들려주고 싶었습니다. 지금 난 국제 인권 감시 기구 '휴먼 라이츠 워치'의 어린이 인권 분과 자문 위원으로 일하고 있습니다.

내 삶은 기적 그 자체였습니다. 얼마나 많은 소년병이 나처럼 구조되고, 치료를 받고, 같은 처지의 사람들을 돕는 일을 할 수 있겠습니까?
지금 전쟁의 최전선에서 총알받이로 죽어 가고 있는 소년병들에게도 나처럼 기적 같은 일이 일어나기를 바랍니다. 하지만 더 궁극적으로는 평균 나이 열세 살인 소년병들에게 기적이 아닌, 일상을 돌려주기를 바랍니다. 내 고향에, 그리고 세계에 평화가 찾아와 그저 평범한 소년의 삶을 살아갈 수 있기를……. 기적보다 더 어려운 그 평범한 삶을 그들에게 돌려주길 바랍니다.

8. 얽히고설킨 끝없는 분쟁, 수단

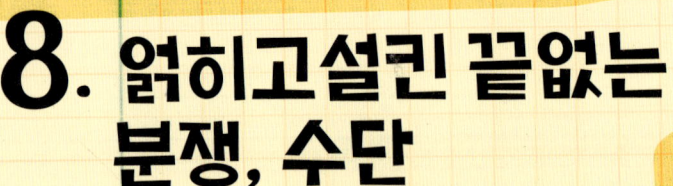

수단
- **위치**: 아프리카 북동부
- **면적**: 186만 1000㎢
- **수도**: 카르툼
- **인구**: 약 4151만 명
- **종족 구성**: 딩카 족, 누에르 족, 바리 족, 잔데 족 등 아프리카 토속 종족 52%, 아랍 인 39%, 기타 9%
- **공용어**: 아랍 어, 영어
- **종교**: 수니파 이슬람교 70%, 정령 신앙 25%, 기독교 5%
- **국가 원수**: 대통령

금이 나오는 게 어째서 더 불안하지?

남수단
- **위치**: 아프리카 중앙 동부
- **면적**: 65만 9000㎢
- **수도**: 주바
- **인구**: 약 1292만 명
- **종족 구성**: 나일 제족, 나일-함 족, 남서수단 족
- **공용어**: 아랍 어, 영어
- **종교**: 기독교 60%, 토착 종교 33%, 이슬람교 6%, 기타 1%
- **국가 원수**: 대통령

그곳은, 지금

2013년 4월 수단의 서부 다르푸르 주에 있는 한 광산이 무너져 100명이 넘는 사람들이 갱 안에 갇혔습니다. 이 광산은 금을 캐는 곳입니다. 수단에는 금이 많이 묻혀 있어 여기저기 금 광산이 많습니다. 하지만 대부분 안전시설이 제대로 갖추어져 있지 않습니다. 게다가 이 사고가 있기 전에는 금 광산을 서로 차지하겠다고 다르푸르의 북쪽 사람들과 남쪽 사람들이 총을 쏘고 싸움을 벌이기도 했습니다.

이 광산을 둘러싼 싸움은 수단 내 갈등의 일부일 뿐입니다. 수단은

다르푸르 문제 말고도 2011년 남수단이 독립하기 전까지 남과 북으로 갈려 많은 전쟁을 치렀던 나라이거든요. 이 전쟁으로 많은 아이들이 부모를 잃고 고아가 되었고, 많은 사람들이 집과 가족을 잃고 난민이 되었습니다. 왜 수단에서 이런 일들이 끊임없이 일어나는 걸까요?

분쟁의 역사

남수단과 수단으로 나뉘기 전에는 아프리카에서 가장 넓은 나라였던 수단에는 오래전부터 기독교도와 이슬람교도가 함께 섞여 살고 있었습니다. 19세기 초 이집트가 수단 전 지역을 정복해 지배하기 시작했고, 그 뒤 영국이 이집트를 침공하면서 수단은 이집트와 영국 두 나라의 공동 통치를 받게 됩니다.

앞 장의 지도를 보면 수단 아래 남수단이라는 나라가 있습니다. 이름이 비슷하지요? 2011년 전까지만 해도 이 두 나라는 한 나라였습니다. 아프리카에는 1500~2000개 정도의 언어가 있고, 6000개가 넘는 부족이 있습니다. 사람들의 피부색이 대체로 검어서 비슷해 보이지만 실은 언어, 문화, 종족이 다양한 사람들이 섞여 살고 있는 것입니다.

수단도 마찬가지입니다. 수단의 북쪽에 사는 사람들은 민족적으로 아랍계이고 종교는 이슬람교입니다. 한편 남쪽 사람들은 피부가 검은 아프리카계이며 대부분 기독교나 토속 신앙을 믿는 사람들입니다. 한 나라이지만 남과 북은 민족과 문화가 완전히 다릅니다.

영국은 수단을 식민 통치하면서 남쪽 사람들을 차별했습니다. 대부분의 경제 개발은 북쪽을 중심으로 이루어졌습니다. 국제 정치에 대해 자세히 말하자면 좀 복잡하고 어렵지만, 어쨌든 당시 영국은 이렇게 남과 북을 차별하여 통치했고, 이것이 전략적으로 영국에게 이익이 된다고 생각했습니다.

1956년 1월 1일, 길고 긴 식민 통치를 끝내고 수단은 드디어 독립 국가가 되었습니다. 그러나 독립 이후에도 남쪽 사람들에 대한 차별은 여전했습니다. 북쪽은 건조한 사막 지대이지만, 남쪽은 나일 강에

서 흘러 들어오는 물도 풍부하고, 농사가 잘되는 기름진 땅이 많았습니다. 게다가 석유를 비롯한 지하자원이 대부분 남쪽에 몰려 있었고요. 하지만 독립한 뒤 북쪽 사람들이 정권을 잡게 되었고 남쪽 지방을 개발해 이득을 취하면서도 남쪽 사람을 참여시키지 않고 자기들끼리만 이익을 나눴습니다. 이 세상에 차별을 당연하게 받아들이는 사람은 없습니다. 수단의 남쪽 사람들도 마찬가지이지요. 자기 땅에서 얻은 이득을 자기들은 쏙 빼고 다른 사람들이 가져가는데 그걸 좋아하고 지켜만 볼 사람은 없겠지요.

그러니 남쪽 사람들과 북쪽 사람들은 서로 총칼을 맞대고 수십 년 넘게 전쟁을 치렀습니다. 잠시 평화 협정을 체결하기도 했지만 그 약속은 얼마 가지 않았지요. 북쪽 사람들은 수단을 완전한 이슬람 국가로 만들고 남쪽의 자원도 모두 차지하고 싶었습니다. 당연히 평화 협정은 물거품이 되고 다시 전쟁이 시작되었습니다. 남과 북의 전쟁으로 무려 50만 명의 사람들이 목숨을 잃었습니다.

결국 2011년 수단의 남쪽 사람들은 '남수단'이라는 이름으로 수단에서 독립했습니다. 그러나 안타깝게도 차별과 설움을 받던 남쪽 사람들은 독립을 하고 나서도 평화를 이루지 못했습니다. 남수단 내에서는 석유와 자원을 놓고 또다시 세 갈래로 편이 나뉘어 자기들끼리 죽고 죽이는 싸움을 계속하고 있습니다. 자원이 많아도 행복하지 않은 나라가 되어 버린 것입니다.

수단의 갈등은 이것이 전부가 아닙니다. 앞에서 언급했던 다르푸르 지역이 수단에서 일어나는 큰 갈등의 또 다른 불씨입니다. 지도를 보면 수단의 북서쪽에 다르푸르라는 지역이 있습니다. 다르푸르도 북다르푸르와 남다르푸르로 나뉘어 갈등을 겪고 있습니다. 북다르푸르에는 주로 아랍계 사람들이 살고 남다르푸르에는 피부가 검은 아프리카계 사람들이 삽니다. 종족은 다르지만 다르푸르 사람들은 대체로 이슬람교를 믿습니다.

다르푸르 사람들은 예전에는 서로 사이좋게 살았습니다. 남다르푸르에서는 물이 풍부하고 땅이 기름져 농사를 많이 지었고, 북다르푸르 사람들은 유목민이었습니다. 북다르프르 사람들이 가축을 끌고 남다르푸르 쪽으로 내려와 가축에게 물을 먹여도 남다르푸르 사람들이 웃으며 반겨 주었지요. 그런데 지구 온난화로 비가 내리지 않고 가뭄이 계속되자 갈등이 시작되었습니다. 모든 게 넉넉할 때는 웃으며 반길 수 있었지만, 가뭄이 지속되어 가뜩이나 물이 부족한데 북다르푸르 사람들이 가뭄을 피해 자꾸 남다르푸르 쪽으로 내려오니 남다르푸르 사람들도 심기가 불편해졌지요. 게다가 남다르푸르에서 석유와 금, 광산 등 지하자원이 발견되자 북다르푸르 사람들은 물도 자원도 모두 아랍계인 자신들이 차지하겠다고 나섰습니다.

그런데 이 상황에서 수단 정부가 북다르푸르 사람들의 손을 들어 주며 나섭니다. 다르푸르의 남쪽에 살든 북쪽에 살든 모두 수단 사람들인데 왜 수단 정부는 북다르푸르 사람들의 손을 들어 주었을까요? 수단의 정권을 잡은 사람들이 아랍계이자 이슬람교도이고, 그들은 수단을 이슬람 국가이자 아랍 국가로 만들고 싶었기 때문입니다. 그래서 같은 이슬람교를 믿지만 남다르푸르 사람들은 아랍계가 아니라 아프리카계 사람들이라고 차별을 한 것입니다. 수단 정부는 북다르푸르의 아랍계 사람들 편만 들었습니다. 그리고 남다르푸르의 풍부한 물과 지하자원을 모두 아랍계 사람들이 차지하는 게 맞다고 여겼지요.

그러자 남다르푸르 사람들이 무장 단체를 조직해 정부에 맞섰습니다. 2003년 2월 다르푸르에서 내전이 일어난 것입니다. 수단 정부는 군대와 북다르푸르의 민병대를 동원해 남다르푸르 사람들을 잔인하게 학살했습니다.

수단의 다르푸르 문제는 2005년 평화 협정을 맺음으로써 일단 마무리되었지만, 자원을 놓고 서로 크고 작은 다툼을 끊임없이 벌이고 있습니다. 2003년 이후 다르푸르에서는 무려 30만 명이 넘는 사람들이 죽고, 250만 명이 넘는 사람들이 집을 잃고 난민이 되었습니다. 30만 명이면 우리나라의 작은 도시 인구와 비슷한 수준입니다. 실로 엄청난 사람들이 목숨을 잃은 엄청난 전쟁이자 학살이었지요.

이처럼 남북 분단, 다르푸르 갈등 등 수단은 민족, 종교, 자원 등에서 비롯된 갈등이 얽히고설켜 있습니다. 갈등과 내전의 과정에서 너무 많은 사람들이 죽어 갔고요. 그리고 이런 갈등 상황에서는 유전,

금, 지하자원 등 풍부한 자원이 오히려 갈등을 격하게 몰아가는 원인이 되어 버립니다. 그래서 자원이 그토록 많은데도 행복하기는커녕 갈등의 소지가 여전히 남아 있는 나라가 되어 버린 것입니다.

절망 속의 희망

〈울지 마 톤즈〉, 이태석 신부

가난한 집에서 태어나고 자란 이태석 신부는 의사가 되고자 의대에 입학했어요. 하지만 졸업한 뒤 의사가 되는 대신 신부가 되었습니다. 그리고 그는 가장 가난한 사람들을 찾아 아프리카로 갔습니다.

그곳 톤즈는 가난과 내전으로 몹시 참혹한 상태였고, 사람들은 병마에 시달리며 무기력하게 죽음을 기다리고 있었어요. 그들에게는 신부보다 의사가 더 절실했지요. 그래서 그는 기꺼이 의사가 되었습니다.

그를 만나면 아픈 몸이 낫고 살 수 있다는 소문이 퍼지자 사람들은 몇 날 며칠을 무작정 걸어왔어요. 이태석 신부는 하루 평균 300명을 진료했는데, 이는 잠시의 휴식도, 식사도, 잠도 없이 진료해야 가능한 숫자입니다. 하지만 단 한 번도 그들을 그냥 돌려보낸 적이 없었고 심지어 새벽에 찾아온 환자들도 그의 방문을 두 번 이상 두드리는 일이 없었다고 해요.

이태석 신부는 그렇게 기적을 행했습니다. 그리고 아무런 희망도 없이 그저 하루하루 살아 내고 있던 톤즈 사람들의 희망을 위해 성당과

학교 중 무엇을 먼저 지을지 고민했지요. 결국 신이라면 망설임 없이 학교를 지을 것이라며 톤즈에 학교를 세웁니다. 그는 단호하게 소년병들의 손에서 총을 빼앗아 책상 앞에 앉히는, 다정하면서도 엄격한 선생님이었습니다. 이태석 신부는 그렇게 세상을 변화시켜 나갔습니다.

어느 날 홀어머니를 뵙고자 휴가를 얻어 귀국한 그는 뜻밖에 말기 암 판정을 받았습니다. 죽음의 순간에도 그는 "톤즈에서 우물 파다가 왔어요. 마저 파러 다시 가야 하는데."라고 말했습니다.

좀처럼 울지 않는 톤즈 사람들도 이태석 신부의 죽음 소식을 듣고는 하염없이 눈물을 쏟았답니다. 어느 날 꿈처럼 찾아와 병든 이들을 고쳐 주고 죽어 가는 아이들을 살렸던 의사이자, 미래를 꿈꾸게 해 준 선생님, 총을 들었던 소년들의 손에 악기를 들려 주며 아름다운 음악을 연주하게 한 그를 톤즈 사람들은 오래도록 잊지 못할 것입니다.

9. 마약과 전쟁, 멕시코와 브라질

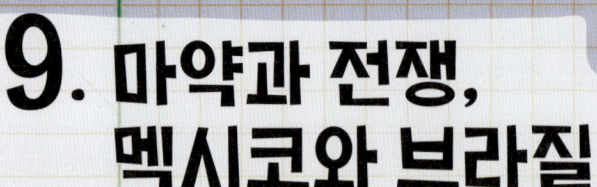

멕시코
- **위치**: 북아메리카 남서단
- **면적**: 196만 4000㎢
- **수도**: 멕시코시티
- **인구**: 약 1억 3076만 명
- **종족 구성**: 메스티소 60%, 아메리카 원주민 30%, 백인 및 기타 10%
- **공용어**: 에스파냐 어
- **종교**: 로마 가톨릭교 89%, 개신교 6%, 기타 5%
- **국가 원수**: 대통령

브라질
- **위치**: 남아메리카 대륙 중앙
- **면적**: 851만 6000㎢
- **수도**: 브라질리아
- **인구**: 약 2억 1087만 명
- **종족 구성**: 백인 54%, 물라토 39%, 흑인 7%
- **공용어**: 포르투갈 어
- **종교**: 로마 가톨릭교 74%, 개신교 15%, 기타 11%
- **국가 원수**: 대통령

그곳은, 지금

2014년 9월, 멕시코 이괄라 시의 교육 대학 학생들이 정부의 교육 정책을 비판하는 시위를 벌였습니다. 평화 시위를 마치고 집으로 돌아가는 길, 경찰들이 학생 6명을 죽이고 43명을 끌고 사라졌습니다. 경찰은 대학생들을 마약 조직인 갱단에 넘겼고 갱단 조직원들은 대학생들을 트럭에 싣고 이괄라 인근 지역의 쓰레기 매립장으로 끌고 가 총을 쏴 모두 죽였습니다. 그것도 모자라 누군지 알아볼 수 없도록 온통 기름을 붓고 불태운 다음 시신과 가방을 몽땅 쓰레기봉투에 담아 강물에 던졌습니다.

  이 사건을 알게 된 국민들은 날마다 거리로 쏟아져 나와 항의 시위를 벌였고 여당 당사에 불을 지르기도 했습니다. 사건이 발생한 게레로 주는 멕시코 마약 조직들 사이에 싸움이 치열한 지역입니다. 마약 조직원들이 정부 관리를 죽이는 일도 생기고, 훤한 대낮에 시내 한복판에서 총격전을 벌이기도 합니다.

  조사 결과 이괄라 시 시장과 시장 부인, 경찰서장이 마약 조직에 시

2014년 수많은 사람들이 멕시코의 이괄라 시에 모여 대학생 6명이 죽고 43명이 실종된 사건에 대해 비판하고 분노의 시위를 벌이고 있다.

위에 가담한 대학생들을 죽이라고 지시한 사건이었습니다. 시장과 경찰서장은 시민을 대표해 시의 살림과 안전을 책임지는 사람들입니다. 그런데 그런 사람들이 마약 조직을 부추겨 대학생들을 죽이라고 시킨 것입니다. 이괄라 시의 시장과 시장 부인, 경찰서장은 오래전부터 마약 조직과 결탁한 사람들입니다. 많은 정보를 빼내 마약 조직에 건네고 이득을 챙겼지요. 게다가 시장 부인의 오빠들은 마약 조직 카르텔의 조직원이기도 했습니다.

시장 부인은 이괄라 시의 가정복지 과장이자 시의 교육 위원회 위원장이었습니다. 사건이 있었던 날은 시장 부인이 한 지역에서 연설을 하기로 했던 바로 그날입니다. 그런데 대학생들이 시장 부인이 발표한 교육 정책에 반대하여 시위를 했던 것이고요. 마약 조직은 평소 시장과 시장 부인의 도움을 받고 있던 터라 시장 부부의 살인 청탁을 들어준 것입니다.

현지 주민들은 시 의회 의원들보다 높은 고위급 인사들까지 마약 조직과 연결되었다고 확신합니다. 이를 증명이라도 하듯이 멕시코의 마약왕 호아킨 구스만이 감옥에 간 지 6개월 만인 2015년 7월에 탈출했습니다. 구스만이 교도소 바닥에 구멍을 뚫어 1.5킬로미터 길이의 터널을 판 뒤 그곳으로 도망을 쳤다는 것입니다. 터널 안에는 레일과 환풍기, 발전기, 심지어 파낸 흙을 나르는 데 사용된 오토바이까지 있었습니다. 하지만 멕시코 사람들은 땅굴 탈옥은 눈속임이며 실제로는 정부가 탈옥을 도와 교도소 정문으로 버젓이 걸어 나갔을 것이라고 추측하지요.

마약 조직은 멕시코에만 있는 것이 아닙니다. 남아메리카 다른 나라에도 마약 조직이 셀 수 없이 많아요. 그런데 유독 남아메리카에 마약 조직이 많은 이유는 무엇일까요? 부패한 정치 세력과 마약 밀매 조직이 서로 손잡고 있다는 사실이 가장 큰 이유일 것입니다. 거기에다 마약이 가난한 사람들의 생계 수단이 되고 있다는 점, 또 미국이나 유럽 국가들이 마약을 지속적으로 몰래 수입하고 있다는 점 등, 여러 가지 이유로 남아메리카에서 점점 더 많은 마약이 재배되고 있는 거예요.

    브라질의 마약 조직 또한 심각한 수준입니다. 브라질 마약 밀매 조직이 최근 어린이까지 조직원으로 동원한 사실이 확인되면서 사람들은 또다시 충격을 받았습니다. 브라질의 리우데자네이루에서 가장 위험한 빈민가로 꼽히는 로싱야 지역의 마약 밀매 조직은 최근 경찰이 대대적인 단속을 벌이자 50여 명의 어린이로 이루어진 '어린이 여단'을 만들었습니다. '어린이 여단'은 월급까지 받으며 경찰이 마약 조직 소탕 작전을 벌일 때 맨 앞에서 작전을 방해하는 인간 방패 역할을 하고 있습니다. 이 어린이들 때문에 경찰의 소탕 작전이 방해를 받고 있고요.

    설마 어린아이가 마약 밀매 조직원이라고 생각하는 사람은 없을 것이라는 점을 이용한 비인간적인 짓입니다. '어린이 여단' 어린이들은 경찰의 접근을 감시하는 순찰 활동에 동원되는가 하면, 경찰의 소탕 작전에 맞서기 위한 모의 사격 훈련도 합니다. 한 해에 수천 명의 어린이와 청소년이 마약 조직 관련 혐의로 체포되거나 처벌받고 있는 현실에서 경찰과 마약 조직 간에 충돌이 일어날 경우 많은 어린이들이 희생될 것입니다.

분쟁의 역사

미국과 유럽에서 소비되는 마약의 90퍼센트는 남아메리카에서 들어온 것입니다. 불법 마약 거래의 규모가 연간 약 60조 달러에 이른다고 합니다.

멕시코에는 거대 마약 조직이 많은데 이들은 정치인, 경찰과 손잡

고 영향력을 행사하거나 언론 기관에 압력과 협박도 일삼고 있습니다. 심지어 마약에 상표를 달아 마치 멕시코 문화의 하나인 것처럼 음악, 텔레비전 쇼, 문학, 음식 등 다양한 분야로 전파하는 새로운 전략도 쓰고 있지요.

2000년대 초반까지 멕시코 정부는 마약 조직에 소극적으로 대응했습니다. 그러다 펠리페 칼데론 대통령이 취임한 2006년 '마약과의 전쟁'이 시작되었지요. 마약 조직이 경찰과 손잡고 있는 경우가 많아 경찰 대신 중무장한 군대를 마약 조직 소탕 작전에 투입했습니다. 하지만 마약 조직들도 미국에서 몰래 들여온 고성능 무기로 무장하고 맞서면서 사망자가 상상할 수 없을 정도로 늘었습니다. 2015년 초 멕시코 정부가 공식적으로 밝힌 사망자 수는 4만 7515명이지만 전문가들은 그보다 수십 배 많을 것으로 예상하고 있습니다.

남아메리카의 반을 차지하고 있는 브라질은 세계 5위로 면적이 넓은 나라입니다. 남아메리카의 다른 12개국 가운데 브라질과 국경을 맞대고 있지 않은 나라는 에콰도르와 칠레뿐이지요. 영토의 대부분이 남반구에 위치해 있지만 북부 지방 일부가 적도를 끼고 있어 북쪽 끝 지방은 일부 북반구에 속하기도 합니다. 북쪽으로는 '지구의 허파'라고 불리는 크고 아름다운 아마존 밀림이 있고, 세계에서 가장 많은 양의 물이 흐른다는 아마존 강도 있어요. 또한 토칸칭스 강이나 상프란시스쿠 강, 파라나 강 등 크고 넓고 아름다운 자연이 가득한 나라입니다. 그러나 이렇게 아름다운 자연과는 달리 날마다 뿌리 깊은 마약 조직과의 전쟁이 벌어지고 있어 안타깝습니다.

　브라질에서는 1990년대에 약 37만 명이 마약과 관련된 폭력 사태로 죽었습니다. 상파울루 남쪽 상루이즈 묘지에는 약 15만 기의 무덤이 있는데 그중 3분의 2가 열세 살에서 스물다섯 살 사이의 젊은이들 무덤입니다. 모두 마약 사건과 관련되어 죽은 사람들이에요. 그럼에도 마약을 상습적으로 복용하는 사람들은 점점 더 늘어나고 있으니 심각한 문제입니다.

　브라질은 세계에서 두 번째로 큰 마약 시장이 되었습니다. 멕시코, 브라질 모두 마약과의 전쟁을 벌이고 있지만 마약 조직의 힘이 워낙 강해서 어려움을 겪고 있습니다.

절망 속의 희망 대통령 룰라, 네 손가락으로 쓰는 희망

취임사

나는 가난 때문에 초등학교도 못 가고 거리에서 오렌지를 팔고 구두를 닦으며 하루 한 끼만 먹으면서 생활했습니다.
금속 공장의 선반공으로 일할 때 새끼손가락을 잃었지요.
그리고 결혼 후엔 임신한 아내가 배 속 아이와 함께 죽는 일을 겪었습니다.
그 무렵 나는 브라질의 현실에 눈을 떴습니다!
죽도록 일하고 나쁜 짓 안 하고 착하게 살았는데, 왜 병이 들면 치료할 돈이 없어 죽어야 하는 걸까?
수많은 빈곤층이 왜 인간 대접도 못 받고 일만 하다 죽어야 했던 걸까?
이건 분명 잘못된 일입니다. 이러한 문제의식을 시작으로 나는 사회운동을 시작했고 그 열매로 지금 '브라질의 대통령'이라는 이름으로 이 자리에 섰습니다.
브라질은 이제 마약과의 전쟁을 선포합니다!
마약을 없애고, 이 나라를 부강하게 만들 것입니다!

특별 기동대 설립

3000명의 병력을 동원, 콜롬비아와 베네수엘라와의 국경에 순찰 강화. 마약 수송기로 의심되는 비행기를 공중에서 쏘아 떨어뜨릴 수 있는 권한을 공군에게 준다.

마약

브라질 신문

GDP 2배 성장 ↑

낮은 물가 상승률!
일자리 창출!
빈민의 3분의 1을 가난으로부터 구함!
G8 가입!
빚 모두 상환!

지지율 88퍼센트로 대통령 룰라 퇴임!
2006년 재선 당선 당시보다도 높은 지지율을 기록했으나 룰라는 2010년 대통령직을 내려놓았다!

"쉬운 일은 없습니다. 나는 대통령에 당선되고 나서 당분간 국민들의 오해를 받을 수도 있다고 생각했습니다. 하지만 그것이 내가 치러야 할 대가라면 기꺼이 지불할 마음이었습니다. 나는 브라질을 변화시키기 위해 선출되었고, 그것이 나의 소명이었습니다. 브라질은 많이 성장했습니다. 많이 발전했습니다. 그리고 이 모든 일은 초등학교도 못 나온 선반공이었던 나를 뽑아 준 국민들 덕분이었습니다. 그동안 감사했습니다!"

감사합니다!

2부
미래의 분쟁

1. 생물 종의 다양성을 둘러싼 분쟁

생물 종의 다양성이 파괴되고 있어요!

"에콰도르 아마존 지역에 위치한 야수니 국립 공원에 엄청난 양의 석유가 묻혀 있습니다. 그런데 그것을 개발하면 아마존이 파괴될 수밖에 없고 그렇게 되면 지구 환경에 심각한 악영향을 끼칩니다. 아마존을 지키기 위해 우리는 유전 개발을 하지 않겠습니다."

2007년 아마존 지역에 있는 에콰도르의 라파엘 코레아 대통령이 전 세계를 향해 제안했어요. 환경을 중요하게 생각하던 라파엘 대통령은 에콰도르 국내 여론의 반대를 무릅쓰고 정말 어려운 결정을 한 거예요. 이 유전을 개발하면 에콰도르는 10년간 약 10조 달러의 돈을 벌 수 있다고 합니다. 그럼에도 환경을 위해 그 돈을 포기하겠다는 것이지요. 대신 가난한 에콰도르를 위해 선진국들이 힘을 합쳐서 삼림 보존 기금을 모아 보내 달라고 했습니다.

국제 연합은 에콰도르의 제안에 찬성하며 전 세계 정부와 기업 등에 모금을 호소했지요. 하지만 약속을 지킨 나라는 거의 없었어요. 결국 2013년 라파엘 대통령은 야수니 국립 공원 유전 개발을 시작할 수밖에 없다고 발표했습니다. 지난 6년간 국제 사회가 에콰도르에 보내 온 모금액은 애초에 보내 주기로 약속했던 금액의 0.37퍼센트에 그쳤다고 합니다.

전 세계 동식물의 3분의 1가량이 살고 있는 아마존 강 주변을 '생태계의 보물 창고'라고 부릅니다. 넓디넓은 열대림에서 나오는 산소가 지구의 더러운 공기를 깨끗하게 해 주어 이 지역을 '지구의 허파'라고도 하지요. 하지만 인간의 무분별한 개발로 지구 열대림의 반 이상이 사라져 버렸고 다양한 생물이 살아갈 수 있는 장소도 파괴되었습니다. 아마존이 모두 파괴된다면 아마도 지구는 더 이상 생명이 살아갈 수 없는 곳으로 변할지도 모릅니다.

비단 아마존만의 문제가 아닙니다. 타이 북부 치앙마이에 사는 어부들은 대대로 메콩 강에서 물고기를 잡아 가족과 함께 먹고 살았습니다. 한반도보다 면적이 10배는 큰 메콩 강은 중국, 미얀마, 라오스, 타이, 캄보디아, 베트남 등 6개국을 지나 남중국해로 흘러 들어가는 긴 강입니다. 우리나라 인구보다 더 많은 사람들이 메콩 강변에서 농사를 짓거나 강에서 물고기를 잡아 살아가고 있지요. 하지만 요즘은 빈 그물만 걷어 올리는 날이 늘고 있다고 합니다. 중국이 메콩 강 상류에 댐을 짓고 수량을 조절한 탓에 물고기 수가 엄청나게 줄었기 때문이에요.

더 심각한 문제는 중국의 댐은 시작일 뿐이라는 거예요. 2030년까지 메콩 강에 댐 71개가 들어설 예정이라고 하니 말이지요. 특히 라오스가 현재 메콩 강 하류에 건설 중인 초대형 사야부리 댐이 2019년에 완공되면 물고기의 숫자는 더욱더 줄어들 거라고 합니다. 하류에 이렇게 큰 댐이 들어서는 건 처음인데, 하류를 댐으로 막을 경우 물고기들이 살아가는 데 심각한 영향을 주어요. 이 댐이 결국 메콩 강 주변 환경을 망가뜨리고 주민들의 삶도 황폐하게 만들 것이라는 걱정이 커지고 있습니다.

메콩 강에 사는 어류는 800여 종으로, 아마존에 이어 세계에서 두 번째로 많습니다. 또한 라오스의 댐 개발은 지역 분쟁의 씨앗이 될 수도 있습니다. 물고기가 줄고 하류로 흘러야 하는 영양분이 제대로 흐르지 못하면 캄보디아의 어업과 베트남의 벼농사가 피해를 보게 되기 때문이지요.

정도의 차이는 있지만 다른 나라도 생물 종이 줄어들기는 마찬가지입니다. 그 주된 원인은 대부분 인간입니다. 예전에는 농부 각자가 자신이 지을 수 있는 만큼씩 여러 가지 씨를 뿌려 키우고 그것을 먹고 살았습니다. 그러나 지금은 돈 많은 사람들이 넓은 땅을 사들여 큰돈을 벌 수 있는 한두 가지 종자만 심어 기계로 농사를 짓지요. 이런 농사 방식을 '농업의 집약화'라고 하는데, 이는 여러 가지 문제를 가져옵니다.

예를 들어 한번 전염병이 돌면 농작물 전체가 피해를 볼 수밖에 없습니다. 보통 전염병은 한 작물만 병들게 합니다. 그러니까 여러 식물을 키우면 어떤 것은 전염병에 걸려 죽어도 다른 식물은 살아남겠지요. 하지만 한 가지만 몽땅 심으면 한꺼번에 모조리 죽어 버릴 수 있습니다. 또 병이 돌면 농약을 더 많이 사용하게 되지요. 사람도 한 인종만 살고 있다면 전염병으로 멸종했을 수도 있습니다. 백인에게 치명적인 병이 흑인에게는 감기보다 대수롭지 않은 병일 수도 있고 그 반대일 수도 있고요.

대기 오염과 수질 오염도 생물 종을 줄어들게 하는 원인 중 한 가지로 꼽히는데, 그 과정이 대개 천천히 진행됩니다. 그래서 그것이 얼마나 심각한지 느끼지 못한 채로 더 복구할 수 없을 만큼 심각해졌을 때에야 비로소 알아채는 경우가 많습니다. 현재 생물 종의 멸종이 엄청 빠른 속도로 진행되고 있어요. 국제 자연 보전 연맹(IUCN)에 따르면 전 세계 생물 4만 7677종 가운데 1만 7300여 종이 멸종 위기에 처해 있다고 합니다. 생물 3종 가운데 1종은 이제 지구에서 영영 만날 수 없게 될지도 몰라요. 동식물 연구가나 보호 단체가 아니면 신경조차 쓰지 않는 사이 인간과 함께 지구에서 살아가던 많은 동식물이 멸종되고 있는 것입니다.

생물 종 다양성 보존의 날

여러분, 바나나 좋아해요? 그럼 바나나가 멸종될 수도 있다는 말도 들어 봤나요? 처음에는 바나나가 여러 종류였지만 그중에서 맛이 좋고 비싸게 팔 수 있는 종류만 골라서 대량 생산을 하기 시작했어요. 그러자 다른 야생 바나나들은 점차 사라졌습니다. 그런데 이렇게 한 가지 종자만 대량으로 키울 경우 전염병이 돌게 되면 멸종되기 쉬워요. 어떤 종류는 이런 병에 강하고 다른 종류는 저런 병에 강하기 마련인데 한 가지 종류뿐이라면 그 종류의 식물이 이기기 힘든 전염병이 돌면 모두 한꺼번에 죽을 수 있으니까요.

지금 전 세계 사람들이 먹고 있는 바나나는 '캐번디시'라는 품종입니다. 이 품종을 재배하기 전에 '그로 미셀'이라는 품종이 있었는데 전염병인 파나마병으로 사라졌습니다. 그로 미셀은 맛도 좋고 껍질이

단단해서 장거리 운송도 가능했어요. 하지만 파나마병으로 사라지고 나서 캐번디시를 재배해 왔는데 변종 파나마병으로 또다시 멸종 위기에 처했습니다.

미국 옐로스톤 국립 공원에서 있었던 일입니다. 미국 사람들은 옐로스톤에 있는 사슴을 보호하기 위해 사슴을 잡아먹는 늑대를 사냥하기 시작했습니다. 늑대가 사라지자 사슴의 숫자가 10배 이상 늘어났고 그 결과 풀과 나무가 남아나지 않았어요. 그런데도 사슴들은 굶어 죽어 갔지요.

몇 년 뒤 미국 의회는 캐나다에서 늑대를 수입해 옐로스톤에 풀어놓기로 결정합니다. 늑대가 다시 들어오고 사슴의 숫자가 줄어들면서 풀 한 포기 찾을 수 없던 곳에 빠르게 풀과 나무가 우거졌습니다. 그러자 먼저 새들이 나무에 들어와 살기 시작했고, 이어서 비버들이 들어와 살게 되었어요. 비버들은 나무를 잘라서 강물을 막아 작은 못을 만들었고, 못이 생기자 오리, 사향쥐, 수달이 들어왔고, 뒤를 이어 쥐, 토끼의 숫자가 늘어나고 그것들을 잡아먹고 사는 부엉이, 독수리, 여우, 족제비, 곰도 이사를 왔지요.

자연적으로 녹지가 조성되고 비버가 만든 연못 덕에 강의 흐름이 느려지자 강이 넘치는 일도 줄어들었습니다. 생물들이 서로 다양한 고리로 긴밀하게 연결되어 있다는 것을 알 수 있지요?

전 세계가 생물 다양성의 중요성을 점차 피부로 느끼고 있습니다.

한 생물이 멸종하는 것은 그 생물의 불행만으로 끝나지 않습니다. 그 생물을 먹고 살던 생물에게는 먹이가 없어지는 것이며 그 생물의 먹이였던 생물은 급격히 늘어납니다. 지구 상의 모든 생물은 서로 긴밀히 연결되어 있습니다. '먹이 사슬'이라고 하지요. 그중 한 사슬이라도 끊어지면 다른 생물들에게 금세 영향을 끼칩니다. 그래서 여러 나라들이 '생물 다양성 협약'을 맺기도 했습니다. '생물 다양성 협약'이란 국가, 지방 자치 단체, 비정부 기구(비정부 간 국제기구, NGO), 환경·시민 단체 등의 참여와 협력으로 생태계를 보전하고 그 이익을 공정하게 분배하기 위한 국제 환경 협약입니다.

또한 해마다 5월 22일로 정한 '생물 종 다양성 보존의 날'을 통해 이 문제를 널리 알리고 해결책을 마련해 나가고 있습니다. 국제 연합에서는 이날 세계 각국에서 기념행사 등을 치르도록 하고 있어요. 우리나라도 1994년 10월 3일, 154번째로 '생물 다양성 협약'에 가입해 자연환경 보전과 야생 동식물 보호를 위한 법을 만들었습니다. 이에 따라 멸종 위기 종을 보호하고 불법으로 동물을 잡지 못하도록 하고 있지요.

벌들이 집단 가출을 하고 있어요!

2011년 경상북도 문경과 칠곡에서 어느 날 갑자기 벌들이 죽기 시작했습니다. 벌을 키우는 양봉 농가들은 당황했어요. 벌들은 벌통 속에서 새까맣게 죽거나 혹은 벌통을 나간 뒤 돌아오지 않았습니다. 꿀벌을 살리기 위한 양봉 농가들의 갖은 노력에도 벌들은 속수무책으로 죽어 갔지요. 우리나라에서 벌이 집단으로 죽은 것은 그때가 처음이었는데 그 뒤로도 벌들이 사라지는 현상이 점점 뚜렷해지고 있습니다.

벌이 집단적으로 사라지는 현상은 2000년대 초 미국과 유럽에서 처음 나타났습니다. 이후 꿀벌이 떼로 사라지는 일이 전 세계적으로 확산되고 있지요. 정확한 이유는 아직 밝혀지지 않았어요. 살충제 때문이라는 말도 있고, 휴대 전화 등에서 나오는 전자파 때문에 벌이 집으로 돌아가는 길을 잊어버린 것이라는 의견도 있습니다. 이렇듯 벌이 사라지는 현상을 과학계에서는 '벌집 군집 붕괴 현상'이라고 합니다. 한마디로 꿀을 따러 벌집을 나선 꿀벌이 돌아오지 않고 가출해 버리는 현상이죠.

벌은 수억 년 동안 식물이 열매를 맺을 수 있도록 해 준 일등 중매자였습니다. 지구 상에서 절대로 사라지면 안 되는 생물 5위 안에 꼽히기도 합니다. 벌은 식물의 암술과 수술을 옮겨 다니며 열매 맺는 일을 돕는데, 그런 벌이 없다면 식물이 열매를 맺지 못하고 열매를 맺지 못하니 다음 해에 심을 씨앗도 얻을 수 없겠지요. 그럼 복숭아도 먹을 수 없고 오이나 콩도 먹을 수 없습니다. 빵이나 라면도 먹을 수 없겠지요? 빵이나 라면도 모두 밀의 씨앗을 빻아서 만드는 것이니까요.

양봉업자인 영국의 데니스 반 엥겔스도프는 벌이 사라지는 이유, 이 현상이 왜 중요한지, 벌을 다시 살릴 수 있는 방법은 무엇인지에 대해 세계 여기저기를 다니며 강연을 합니다. 데니스는 벌이 사라지고 있는 이유는 여러 가지이지만 가장 큰 원인은 자연이 파괴되고 있기 때문이라고 말합니다. 아주 먼 옛날에는 인간도 자연의 일부로 함께 살아왔어요. 하지만 어느새 인간은 자신들의 이익을 위해 지나치게 자연을 훼손하면서 개발을 해 왔습니다. 그렇게 생태계를 파괴시킨 대가는 인간이 고스란히 되받을 수밖에 없습니다. 인간과 자연이 다시 친밀한 관계를 맺는 것이 무엇보다 중요합니다.

먼저 잔디 대신 벌판을 가꾸어야 합니다. 200~300년 전만 해도 지

금처럼 잔디밭이 많지 않았습니다. 잔디밭은 가꾸기 까다롭고 비용도 많이 들어 귀족들만 누릴 수 있는 특권이었죠. 그런데 현대에는 다양한 식물이 자유롭게 자라는 벌판보다 골프장, 개인 정원 등을 가꾸는 사람들이 상당히 늘었습니다. 벌들이 다양한 식물과 만날 기회를 빼앗아 버린 것이지요.

잔디밭이 들어서며 들판이 줄어든 것도 문제이지만, 잔디만으로도 문제가 됩니다. 잔디 정원을 가꾸는 데 사용하는 엄청난 양의 농약과 살충제는 벌이 옮기는 꽃가루를 살충제 범벅으로 만들고, 잔디를 일정한 길이로 유지하기 위해 돌리는 잔디깎이 기계의 모터에서 뿜어 나오는 열기는 지구를 뜨겁게 만들거든요.

벌판에서는 다양한 생물이 자라납니다. 그러니 벌판이 많을수록 많은 생물들이 존재할 수 있어요. 이것이 인간에게도 축복이라는 점을 알아야 합니다.

아인슈타인은 이렇게 경고했습니다.

"만약에 세상에서 벌들이 사라진다면 인류는 그 뒤 4년쯤이나 생존할 수 있을 것이다. 꿀벌이 없어지면 수분 작용도 없어지고, 식물이 사라지고, 뒤이어 모든 동물이 사라지고, 곧 인간도 사라진다."

2. 씨앗 분쟁

굶어 죽어도 씨앗만은 지킨다!

 오늘 아침에 무엇을 먹었나요? 밥과 김치도 먹고 상추나 깻잎, 시금치, 당근, 콩 같은 채소도 먹었겠지요? 그런데 우리가 먹는 식품의 대부분이 우리나라에서 나는 씨앗이 아니라 남의 나라에서 씨앗을 사다가 심은 것입니다. 우리 집 텃밭에서 막 딴 상추를 먹었다고요? 우리

농산물만 파는 시장에서 사다 먹은 것이라고요? 그런데 놀라운 사실은 우리 집 텃밭에서 난 상추의 씨앗도 외국에 돈을 주고 사 온 것이라는 점입니다. 상추씨를 받아서 이듬해에 뿌린다고 해도 상추는 나지 않습니다. 씨앗 회사에서 다음 해에 자기 회사의 씨앗을 또 사도록 약품 처리를 해 놓았기 때문이에요. 한두 종류의 씨앗만 그런 것이 아니라 거의 모든 씨앗이 마찬가지입니다.

누가 그런 것일까요? 엄청난 돈과 조직이 있는 선진국 기업들입니다. 이 선진국 기업들은 이미 세계 종자 시장에 깊이 뛰어든 상황이에요. 전 세계 상품 종자의 82퍼센트가 특허로 묶여 있고, 이 중 3분의 2를 몇 개의 종자 회사가 독점하고 있지요.

17세기 네덜란드에서 희귀종 튤립이 가장 비쌌을 때 한 뿌리에 얼마였을까요? 놀라지 마세요! 무려 집 여섯 채 가격이었다고 합니다. 너도나도 사들이다 보니 가격이 껑충 뛰어오른 거예요. 키워서 귀족들에게 더 비싼 가격에 팔려고 말이지요.

그런데 21세기 들어 비슷한 일이 벌어지고 있습니다. 지금 세계는 우수한 씨앗을 차지하기 위해 총소리 없는 전쟁을 벌이고 있어요. 그리고 이런 씨앗 분쟁은 앞으로 더욱 심해질 것입니다. 튤립이야 너무 비싸면 안 사도 그만이지만 식량은 그럴 수가 없잖아요. 안 먹고는 살 수가 없으니까요. 그래서 종자 산업은 반도체 산업에 비유될 만큼 가치가 높은 산업입니다. 미래에는 식량 때문에 전쟁이 일어날

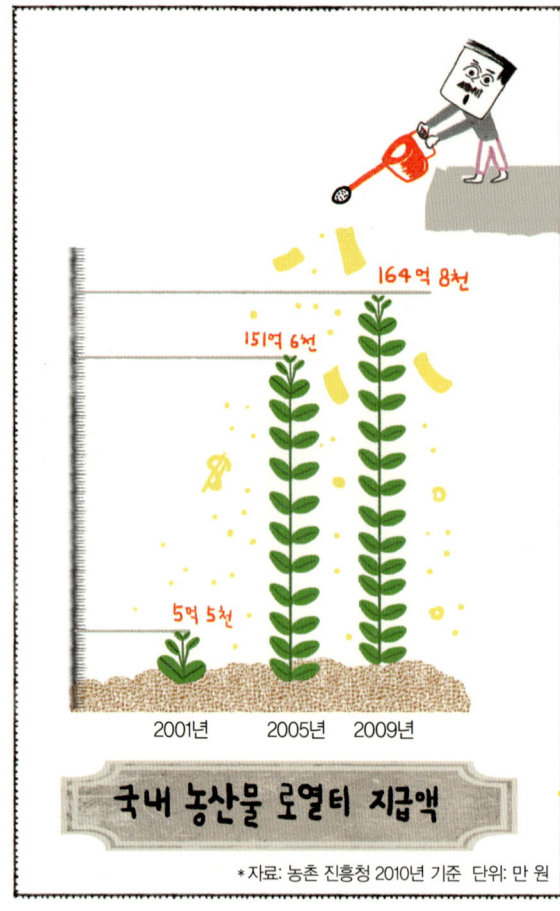

가능성이 많습니다. 만약 우리나라가 어떤 나라와 사이가 안 좋아졌을 때 그 나라에서 더 이상 우리에게 종자를 팔지 않겠다고 하면 어떻게 될까요? 혹은 종자를 가진 나라들이 서로 모여 앞으로 종잣값을 10배 올리자고 약속한다면 어쩌죠? 우리는 10배 비싼 가격으로 살 수밖에 없어요. 이 중요성을 이미 알고 있는 미국, 유럽 등 선진국에서는 더 많은 씨앗을 자기들만이 독점하기 위해 국가까지 나서서 돕고 있습니다. 종자 산업에 투자를 하기도 하고 은행에서 돈을 빌려주기도 하고 세금을 면제해 주기도 하지요.

이런 선진국과 비교하면 우리나라 종자 산업은 매우 미약한 상황입니다. 대한민국은 현재 세계 5위의 곡물 수입국이에요. 우리 땅에서 나온 곡물로 우리 국민이 먹을 수 있는 곡물 자급률은 2010년 기준으로 26퍼센트밖에 안 돼요. 이는 경제 협력 개발 기구(OECD) 34개 회원국 중 최하위권에 속합니다. 즉 우리가 늘 먹는 쌀 이외의 곡물류와 무, 배추, 콩, 과일 거의 대부분을 수입하고 있다는 뜻이지요. 양파, 당근, 토마토는 80퍼센트 이상이 일본산이며, 또한 쌀을 제외한 옥수수, 밀, 콩 등 잡곡은 95퍼센트 이상 수입하고 있습니다. 게다가 우리나라에서 생산되는 식물도 그 종자는 수입하고 있는 실정입니다.

외국에서 씨앗을 사고 지불해야 하는 돈인 로열티 비용도 만만치 않아요. 2001년 한국은 외국산 종자를 구입하기 위해 로열티로 5억 5000여 만 원을 지출했는데 4년이 지난 2005년에는 151억여 원을 지출했어요. 30배가량 늘어난 금액입니다. 2009년에는 165억여 원으로 늘었고요. 그럼에도 우리 종자를 개발하는 데 투자하는 돈은 오히려 줄었습니다.

한국의 종자 산업은 외환 위기 이전만 해도 해외에서 인정받을 만큼 실력을 쌓아 왔어요. 그러나 외환 위기가 닥친 뒤 국내 5대 종자 회사 중 4개가 다국적 기업으로 흡수되면서 국내 토종 종자와 종자를 보존하는 기술이 해외로 대거 빠져나갔습니다.

우리 조상들은 아무리 흉년이 들어 굶어 죽을 지경이 되어도 다음 해 농사를 위해 준비해 둔 씨앗만은 건드리지 않았습니다. 씨앗이 있어야 다음 해 농사를 지어 자식들과 살 수 있으니 생명과도 같은 존재로 여겼지요. 현재 모습은 그런 조상들의 삶의 태도와는 너무나도 다릅니다. 그나마 다행인 점은 우리나라에서도 새로운 종자 특허가 늘어나고 있다는 거예요. 가뭄에 잘 견디는 새로운 품질의 벼를 개발하기도 했습니다. 지금부터라도 꾸준히 우리 종자를 개발하기 위해 노력해야겠지요.

씨를 나눠 드려요, '씨드림'

국토 개발과 경제 개발로 온 나라가 몸살을 앓던 1970~1980년대, 사람들이 일자리가 있는 도시로 몰리면서 일손이 적어진 농부들은 토종 씨앗을 보관해 다음 해에 심기보다는 더 손쉽게 구해서 더 많은 수익을 올릴 수 있는 종자를 사서 심기 시작합니다. 씨앗을 얻어 보관하는 것도 시간과 노동력이 들어가는 일이니까요. 더는 아버지의 아버지, 그 아버지의 아버지가 심던 우리 토종 씨앗과 식물을 보기가 힘들어졌지요. 이에 안타까움과 두려움을 느낀 사람들이 토종 씨앗 지킴이로 나섰습니다.

그중 한 사람이 안완식 선생입니다. 반평생 농촌 진흥청에서 근무하고 퇴직한 안완식 선생이 지켜 낸 우리 토종 씨앗과 식물은 헤아릴 수 없이 많습니다. 미국의 농학자이자 식물학자인 노먼 볼로그 박사가 병에 강하고 수확이 많은 밀의 변종을 만들었어요. 그 소라노 밀을 멕시코, 파키스탄, 인도 등지에서 재배했지요. 소라노 밀이 인류의 기아를 해결해 줄 수 있다는 공로가 인정되어 노먼 볼로그 박사는 노벨 평화상을 받았습니다. 그런데 그 소라노 밀의 기원이 우리나라의 앉은뱅이 밀이었어요. 이러한 사실을 밝혀낸 사람이 안완식 선생이고요.

안완식 선생은 외국 여기저기에 흩어져 있던 우리 종자 중 일부를 돌려받기도 했고 우리 종자 2만여 점을 수집하기도 했습니다. 또한 종자은행을 세우는 데 앞장섰습니다. 씨앗을 보관하고 관리하는 일이 씨앗을 지키는 데 무엇보다 중요하니까요. 이 종자은행은 세계 최대 규모의 유전자 보존 시설인 국립 농업 유전자원 정보 센터로 발전하게 됩니다.

1985년 첫 조사 당시 온전하게 잘 있던 토종 씨앗이 8년 뒤인 1993년 2차로 수집할 때에는 1차 수집분의 74퍼센트가 사라져 있었습니다. 다시 7년 뒤에는 12퍼센트로 줄어들었고, 지금은 채 5퍼센트도 안 남았습니다. 별생각 없이 간편한 것만 선택하는 동안 우리 씨앗이 급속히 줄어든 것이지요. 말 그대로 '씨가 말라 가는' 상황에서 우리 토종 종자를 지키고 다국적 기업 종자 회사로부터 식량 주권과 종자 주권을 지키고자 안완식 선생은 쉴 틈 없이 노력하고 있습니다. 비영리 단체 '씨드림'을 운영하고, 토종 종자와 작물에 관한 책을 쓰고, 토종 종자 수집과 연구 활동을 계속하고 있지요.

3. 환경 분쟁

하늘과 강을 막을 수는 없어요!

2005년 11월, 중국 동북부 지린 성에 있는 벤젠 공장에서 연쇄 폭발 사고가 일어났어요. 이 사고로 독극물인 벤젠이 쑹화 강에 흘러들어 지린 성 북쪽의 하얼빈 시는 수돗물 공급을 중단해야 했습니다. 벤젠을 비롯한 화학 물질은 거대한 띠를 이루어 강 하류와 바다로 이동

했습니다. 이웃 나라 러시아에도 비상이 걸렸습니다. 벤젠이 아무르 강에 흘러 들어가 러시아의 동쪽 지역 도시들도 위험해졌기 때문이에요. 많은 사람이 살고 있는 아무르 강 유역의 도시 하바롭스크도 급기야 수돗물 공급을 중단했습니다. 물 공급이 중단되자 시민들은 이웃 도시로 피난을 가고 생수와 음료수를 사재기하는 등 혼란에 빠졌습니다. 그러나 중국은 이 사실을 세계에 알리면 중국을 찾는 관광객들이 줄어들어 경제적으로 큰 피해를 입을까 봐 쉬쉬했습니다. 결국 5일이 지나서야 사고 사실을 알려 국제적으로 엄청난 비난을 받았지요.

우리나라는 중국과 가깝기 때문에 중국의 환경 문제가 곧 우리나라의 환경 문제가 되기 쉽습니다. 땅에는 국경이 있지만, 하늘을 막아 중국의 공기가 들어오지 못하도록 할 수는 없으니까요.

예전에는 황사라는 말조차 없었는데 요즘에는 황사 지수를 알려 주고, 황사 주의보를 발표할 정도입니다. 황사는 중국 내륙 지방의 사막화와 삼림 훼손 때문에 생긴다고 알려져 있습니다. 문제는 이 황사가 중국의 각종 병균과 중금속까지 싣고서 우리나라 쪽으로 불어온다는 것입니다. 이는 당연히 우리나라 사람들에게 각종 호흡기 질환을 일으키고 가축의 질병을 유발합니다. 앞으로 이 황사 문제가 중국과 우리나라를 비롯한 주변국 간의 분쟁이 될 가능성이 높습니다.

또 중국의 산업화가 활발해지면서 각종 산업 찌꺼기가 강물을 따라 황해로 흘러듭니다. 공기와 마찬가지로 바닷물이 흐르는 것도 막을 수가 없지요. 황해가 오염되면 바닷속 생물들이 살 수가 없고, 그러면 우리 어민들이 타격을 입게 됩니다.

　이처럼 이웃 나라의 환경 오염은 이제 더 이상 강 건너 불이 아닙니다. 마찬가지로 우리나라의 환경 오염으로 주변 나라가 피해를 볼 수도 있을 테지요. 그럴 경우 피해를 입은 나라는 우리나라에 피해 보상을 요구할 것입니다. 지금부터라도 중국, 러시아, 일본 등 이웃 나라들과 힘을 합쳐 환경 오염 사고 발생 시 지체 없이 공동 대응할 수 있는 체제를 갖추어 놓아야 합니다. 지구가 땅과 바다로 연결되어 있는 한 환경 오염은 이웃 국가에 피해를 줄 수밖에 없습니다. 또한 세계 여러 나라들이 자기 나라의 자연환경을 보호하기 위해 법을 강화하고 있어 분쟁으로 번질 가능성도 점점 커지고 있습니다.

국제 환경 분쟁, 어떻게 해결해야 할까요?

　우리나라가 환경 오염 피해를 입었다고 중국에 손해 배상을 청구할 수 있을까요? 나라 사이의 분쟁을 해결해 주는 기구인 국제 사법 재판소가 있기는 합니다. 국제 사법 재판소는 서로 다른 나라의 재판관 15명으로 구성되어 있으며 재판이 열리면 다수결의 원칙에 따라 판결을 내리고 재판은 한 번으로 끝납니다. 하지만 재판에서 이긴다고 해도 중국이 그것을 지키지 않으면 강제로 벌을 줄 힘은 없어요.

　한편 중국에서는 중국 최대의 양쯔 강을 가로막는 싼샤 댐 공사가 이루어지고 있습니다. 이 공사로 이사를 가야 하는 이재민이 수천만 명에 이를 정도로 중국 역사상 가장 큰 공사입니다. 국제 환경 단체들은 이 댐 공사 때문에 발생할 환경 재앙이 상상도 할 수 없을 만큼 엄청날 거라며 몹시 걱정하고 있습니다. 하지만 우리나라를 포함한 세계 여러 나라의 유명 건설업체들이 이 공사에 참여하고자 중국의 눈치를 보고 있는 상황입니다. 그러니 어느 나라 하나 속 시원하게 공사를 막자고 소리 높일 수도 없는 형편이지요.

독일에서 흘러 들어간 대기 오염 물질이 산성비가 되어 내리면서 스웨덴의 옛 성 문화재가 녹아내렸습니다. 또 프랑스와 이탈리아의 오염 물질로 로마와 아테네의 문화유산이 크게 손상되기도 했어요. 미국 오대호 공업 지대에서 넘어간 오염 물질은 캐나다의 호수를 오염시켰고요.

아직까지는 피해를 본 나라가 해를 입힌 나라에 손해 배상을 청구한 사례가 없습니다. 하지만 나라들 사이에 불만의 소리가 점점 높아지고 있으니 앞으로는 이것이 국제 분쟁의 원인이 될 가능성이 상당히 크지요. 다른 나라의 잘잘못을 따지기 전에 우리나라부터 되돌아보아야 합니다. 지난 몇십 년 동안 무조건 개발하고 보자는 식의 사고방식으로 자연을 대해 온 우리나라야말로 심각한 환경 오염의 주범일 수 있으니까요.

4. 문화 분쟁

원조 분쟁

우리나라 '강릉 단오제'가 2005년에 유네스코 '인류 구전 및 무형 유산 걸작'에 선정되었습니다. 그러자 중국이 자기들의 전통 명절인 '단오'를 훔쳤다고 비난하면서 단오를 법정 공휴일로 지정했습니다. 그뿐 아니라 많은 예산을 쏟아부어 지역별로 민속놀이를 즐기도록 했으며 이 과정에서 역사에 묻혀 있던 다른 놀이를 찾아내 보급하기도 했지요. 또 중국 정부는 단오가 있는 주를 '황금주'로 정해 휴무일을 일주일로 늘렸습니다. 중국의 단오를 한국의 강릉 단오제와 견주어 규모가 큰 민속 휴일로 끌어올리기 위해 안간힘을 쓰고 있는 거예요. 사실 중국의 단오는 그 유래만 전할 뿐 우리나라 강릉 단오제처럼 다양하고 다채로운 민속놀이로 확립되었던 것은 아니에요. 유네스코가 문화유산으로 지정할 때 두 나라 축제의 여러 측면을 충분히 고려해서 결정한 것인데도 중국은 "단오 축제를 표절했다. 남의 것을 도둑질한다."라며 한국을 비난하고 있습니다.

한편 우리나라와 일본은 '김치'와 '기무치'를 놓고 원조 전쟁을 벌여 왔습니다. 김치 분쟁의 시작은 1988년 서울 올림픽 대회 때부터입니다. 당시 김치가 올림픽 공식 식품으로 지정되자 일본은 '기무치가 김치의 원조'라며 대내외적 홍보전을 펼쳤습니다. 1993년에는 일본을 방문 중이던 빌 클린턴 미국 대통령의 공식 만찬에서 기무치를 선보였지요.

김치와 기무치는 재료는 물론 담그는 방법, 숙성 과정에서 커다란 차이가 나는, 서로 다른 음식입니다. 한국의 김치는 고춧가루와 마늘, 젓갈 등의 양념이 어우러진 자연 발효 식품인 반면, 일본의 기무치는 자연 발효가 아니라 절인 배추에 화학 첨가물을 넣어 만든 겉절이 식품입니다. 한국과 일본은 지난 27년간 여러 차례 김치 전쟁을 벌였습니다. 1996년 김치의 국제 표기 때 일본은 '국제 식품 규격' 표준에 기무치를 등록하기 위해 갖은 노력을 벌였지만, 국제 식품 규격 위원회는 결국 한국의 손을 들어 주었지요.

우리 축제를 표절하지 마세요!

서울시가 청계천에서 '등 축제'를 열었어요. 그러자 진주 시민들이 비판하고 나섰습니다. 청계천 축제가 '진주 남강 유등 축제'를 베꼈다고 말이지요. 진주시와 시민들은 비상 대책 위원회까지 꾸려 서울시를 향해 남강 유등 축제 베끼기를 중단하라고 목소리를 높였습니다. 결국 서울시가 축제의 내용을 바꾸고 축제 이름도 다른 이름을 사용하기로 하면서 갈등은 마무리가 되고 있는 상황입니다.

진주 남강 유등 축제는 여러 나라에 수출되기도 했습니다. 2013년 2월 우리나라 축제 사상 처음으로 캐나다 윈터루드 축제에 수출되었고, 이어 미국 나이아가라 겨울 빛의 축제와 로스앤젤레스 한인 축제, 텍사스 주 이달고 카운티의 보더 축제에 잇따라 진출했습니다. 보더 축제에는 강사 2명이 가서 현지 7개교 1000여 명의 학생에게 등 만드는 방법을 가르쳤는데, 이 1000여 개의 등과 진주시에서 준비해 간 1300여 개 등으로 전시를 했어요. 유등 축제는 중국에도 진출할 전망이에요.

진주 남강 유등 축제가 세계적 주목을 받은 것은 역사의 힘 때문입니다. 임진왜란 당시 진주성 전투에서 충무공 김시민 장군은 3000여 명의 병력으로 2만여 왜군을 무찔렀습니다. 당시 김시민 장군은 성 밖에 있는 의병 등 지원군에게 보내는 군사 신호로서 풍등을 하늘에 올리는 한편 남강에는 등불을 띄워 왜군을 막는 군사 전술을 썼습니다. 유등은 진주성에 있는 병사들이 성 밖 가족들에게 안부를 전하는 연락 수단으로도 사용되었지요. 그러나 진주성은 안타깝게도 1593년 6월 10만 왜군이 다시 침략했을 때 함락되고 말았습니다. 그 뒤 남강의 유등은 나라를 위해 의롭게 순절한 7만 병사의 넋을 기리는 행사로 이어져 왔지요. 이처럼 남강 위를 밝히는 불빛에는 왜군에 맞서 나라를 지킨, 그리고 그 넋을 기리는 진주의 정신과 혼이 깃들어 있습니다.

남강 유등 축제는 2006년부터 2010년까지 5년 연속 '최우수 문화 관광 축제'에, 2011년부터 2013년까지 3년 연속 '대한민국 대표 축제'에 선정되었어요. 또한 명예 대표 축제, 글로벌 육성 축제로 지정되기도 했지요. 이 축제로 1년에 300만 명에 이르는 관광객이 방문합니다.

요즘 지역마다 아름답고 의미 있는 축제가 많이 열리고 있습니다. 화천 산천어 축제, 함평 나비 축제, 보령 머드 축제, 진주 남강 유등 축제 등 우리나라뿐 아니라 세계적으로 유명한 축제도 많지요. 그렇지만 어느 곳의 어떤 축제가 잘된다고 해서 무작정 똑같이 따라 해서는 안 됩니다. 또한 축제를 먼저 시작한 지역에서는 자기 지역 축제를 다른 곳에서 따라 하지 못하도록 상표권을 신청해 두는 것도 바람직하겠지요.

5. 미래의 자원 분쟁
-물, 희토류, 북극의 자원

물을 물 쓰듯 하면 안 돼요!

우리는 날마다 깨끗한 물을 마시고 그 물로 음식도 만들어 먹고 씻기도 합니다. 물 없이는 단 며칠도 견딜 수 없지요. 그런데 국제 연합의 보고서에 따르면 2025년에는 지구촌 인구의 3분의 2 이상이 물이 부족한 삶을 살아갈 것이라고 합니다. "물 쓰듯 한다."라는 말도 이제

분쟁 지역	분쟁 국가	분쟁 원인
요르단 강	이스라엘, 시리아, 요르단, 팔레스타인 등	시리아의 댐 건설
나일 강	이집트, 수단, 우간다 등	상류에 댐 건설
유프라테스 강	튀르키예, 시리아	아타튀르크 댐 건설
도나우 강	헝가리, 슬로바키아	수로 변경
메콩 강	중국, 타이, 베트남, 캄보디아, 미얀마, 라오스 등	상류에 샤오완 댐 건설
티그리스 강	튀르키예, 시리아, 이란 등	시리아 댐 건설

옛말이 된 것이지요. 지구의 거의 모든 지역에서 벌써 물 분쟁이 시작되었습니다.

예전에 우리나라 농촌에서도 물싸움이 많이 일어났습니다. 모내기 철인 봄에 가뭄이 심하면 서로의 논에 물을 대려고 이웃 간에 험한 말이 오가고 몸싸움까지 했지요. 하지만 함께 살아가는 공동체 사람들이었기에 곧 화해를 하고 농사일을 나누어 했습니다. 서로의 입장을 너무나 잘 아는 까닭이기도 했지요. 그런데 오늘날 물로 빚어지는 갈등은 점점 커져서 지역과 지역, 나아가 국가와 국가 간 전쟁이 되기도 합니다.

메콩 강을 한번 볼까요? 동남아시아에서 가장 긴 하천인 메콩 강의

물은 중국의 티베트 고원에서 시작해 중국, 미얀마, 라오스, 타이, 캄보디아, 베트남을 거쳐 바다로 흘러갑니다. 이 여섯 나라 사람들은 이곳에서 식량과 식수를 얻어 살아가고 있어요. 그런데 중국이 이 강 상류에 11개의 댐을 건설하면서 나머지 나라들은 극심한 물 부족에 시달리고 있지요. 세계 13번째 물 부족 국가인 중국은 이기적인 목적으로 댐을 건설한다는 비판을 들으면서도 댐 건설을 멈추지 않습니다. 물 부족은 100년 만의 가뭄 탓이지 자신들이 만든 댐 때문이 아니라고 변명하면서 말이지요.

물 부족으로 고통을 당하는 인구는 전 세계에 14억 명쯤 됩니다. 깨끗한 먹을 물이 없어 죽어 가는 아이들은 에이즈로 죽어 가는 아이보다 5배나 많습니다.

점점 말라 가는 지구를 어떻게 해야 할까요? 국제기구는 물 분쟁을 극복하기 위해 어떻게 하고 있을까요?

국제 연합에서는 2012년 브라질에서 열린 '지속 가능한 발전' 회의를 통해 물이 인간에게 없어서는 안 될 중요한 자원임을 거듭 확인하고 2013년을 '세계 물 협력의 해'로 지정했습니다. 3년마다 '세계 물 포럼'을 개최하여 전 세계 정부와 전문가, 비정부 기구 들이 21세기 물 문제에 대해 토론하고 그 중요성을 널리 알리는 국제회의를 열고 있습니다. 물 분쟁이 일어나는 여러 가지 원인을 찾아내 개선해 나가야겠지요.

우리나라도 아직까지는 물을 편하게 쓰고 있지만 그렇다고 마음대로 펑펑 써서는 안 됩니다. 물이 무기가 되는 세상이 벌써 시작되었으니까요.

희귀해서 희토류

우리나라 남쪽 바다에 일본과 중국이 서로 자기 나라 땅이라고 주장하는 지역이 있습니다. 일본어로는 '센카쿠', 중국어로는 '댜오위다오'라고 부르는 곳인데, 5개의 무인도와 3개의 암초로 이루어져 있습

니다. 이곳을 두고 일본과 중국이 각각 자기네 땅이라고 우기며 갈등을 빚고 있지요.

2010년 9월, 이 지역에서 고기를 잡고 있던 중국 어선을 일본 해양 경찰이 끌고 가서 선장을 구속했습니다. 일본 영토를 침범했다는 이유입니다. 하지만 일본은 며칠 안 되어 선장을 풀어 주고 중국 어선을 돌려보낼 수밖에 없었습니다. 왜 그랬을까요? 중국 정부가 희토류 수출을 중단하겠다며 협박했기 때문이죠. 일본은 자원 대국 중국의 힘 앞에 무릎을 꿇을 수밖에 없었습니다. 천연자원을 둘러싼 국제 사회의 새로운 분쟁을 상징적으로 보여 준 사건입니다.

천연자원이 소리 없는 전쟁의 무기가 된 이유는 공급은 줄고 수요는 자꾸만 늘고 있기 때문이에요. 자원 전쟁은 세계 제2위 경제 대국의 자리를 거머쥔 중국이 주도하고 있는데, 그 중심에 희토류가 있습니다. 글자 그대로 '희귀한 흙'인 희토류는 지구 상에 극히 미량만 있는 스칸듐과 이트륨 등 17개의 희귀 원소를 말합니다. 이 원소는 열을 잘 전달하는 성질이 있어 전기 자동차와 액정 표시 장치(LCD), 풍력 발전 모터는 물론 각종 정밀 무기 제조에 없어서는 안 될 '첨단 산업의 비타민'으로 불립니다. 그런데 이 귀한 자원인 희토류의 97퍼센트를 중국에서 생산하고 있어요. 중국은 지난 2014년 말 희토류 수출 세금을 높이고 2015년 초에는 수출 물량도 줄이겠다고 선언했습니다. 이에 미국과 일본 등 각국은 세계 무역 기구(WTO)에 제소하겠다며 격렬하게 반발했지요.

나아가 중국은 아프리카, 남아메리카와 경제 협력을 맺고 막대한 돈을 쏟아부으며 각종 희귀 금속 자원을 발 빠르게 점령하고 있습니다.

발광 다이오드(LED, 전자 제품에서 문자 표시, 숫자 표시 따위에 쓰이는 반도체)와 풍력 발전 등 새로운 성장 산업을 노리고 있는 우리나라도 발등에 불이 떨어진 셈이지요. 희귀 원소가 제대로 공급되지 않으면 산업 자체를 유지할 수가 없습니다. 국가적으로 대체 기술 개발과 자원 확보를 서둘러야 하는 까닭입니다.

아무도 알 수 없는 북극해

2007년 8월, 러시아 잠수정이 북극에 러시아 국기를 꽂았습니다. 이는 러시아가 북극에 대해 자기 땅이라는 권리, 즉 영유권을 주장한다는 의미였습니다. 이에 대해 다른 나라들이 들고일어났지요. 북극 주변에 있는 나라 모두가 너도나도 북극에 대해 영유권을 주장하기 시작했어요.

북극은 지구 면적의 약 9퍼센트를 차지하는 넓은 곳으로, 얼음이 덮여 있는 바다입니다. 얼음덩어리뿐인 북극에 이렇게 많은 나라들이 영유권을 주장하는 이유는 무엇일까요? 정치적·군사적 이유도 있지만 그중 하나는 북극해 연안의 희귀 광물과 천연가스, 여러 가지 자원들 때문입니다. 북극은 아직까지 연구가 많이 진행되지 않은 곳이라

광물과 자원이 얼마나 묻혀 있는지, 어디에 묻혀 있는지 정확하게 알지 못합니다. 이런 상황에서 추측만으로 이곳저곳을 파헤치며 유전과 가스전을 세운다면 환경이 심각하게 오염될 수 있습니다.

먼저 가스전과 유전 같은 거대한 규모의 시설을 세우다 보면 온도가 높아질 거예요. 그것은 고스란히 북극 빙하에 영향을 끼쳐서 빙하가 녹아 버릴 수 있습니다. 빙하가 녹아 버리면 상상할 수 없는 무시무시한 일이 생길 수 있어요. 북극의 얼음과 눈이 북극 바다를 차갑게 유지해 왔는데 이 빙하가 녹으면 해수면이 상승하고 온도가 계속 올라 지구가 지나치게 뜨거워질 수 있거든요.

앞으로 생길 일들을 무시한 채 당장의 자기 나라 이익만을 위해 북극을 파헤치는 것은 너무나 무책임한 행동입니다. 현재 러시아, 미국, 노르웨이, 덴마크, 캐나다, 그린란드 등의 주변 국가들이 북극 영유권을 주장하기 위해 북극해 주변으로 초계함, 쇄빙선, 항공 모함, 잠수함 등을 보냈습니다. 게다가 군대까지 북극으로 몰리고 있지요. 북극해 주변국이 아닌 독일, 유럽 국가들은 그때그때 상황에 따라 자기 나라에 유리한 쪽으로 주장하고 있고요. 어떤 때에는 천연자원을 채취해야 한다고 했다가 또 어떤 때에는 북극의 자연과 자원을 보존하고 보호해야 한다고 주장하기도 합니다.

이렇듯 다들 자기 나라 이익만을 챙기려는 가운데 환경 단체들과 북극 토착민인 이누이트가 북극 환경 보호를 외치고 있지만 아직까지 그 힘이 미미해서 작은 외침에 그치고 있어요. 지금 북극뿐만 아니라 북극 주변에 있는 바다와 땅과 섬도 경계선이 명확하지 않아서 서로 영유권을 주장하다가 의견이 맞지 않으면 자칫 전쟁으로 이어질 수도 있습니다.

지구 온난화로 북극의 얼음이 녹으면서 바닷길이 생겨 그동안 불가능하던 배의 운항이 가능해졌어요. 지금은 우리나라에서 배를 타고 유럽으로 가려면 중국 남쪽 해안과 인도양을 지나, 이집트의 수에즈 운하를 거쳐 가야 합니다. 하지만 북극에 바닷길이 생겨 지나가게 되면 지금의 바닷길보다 무려 8000킬로미터가 단축되어 10일 정도가 덜 걸리게 됩니다. 시간과 비용을 절약할 수 있으니 많은 나라가 관심을 가지는 거예요. 2010년 4척이던 배가 2013년에는 70여 척으로 늘어났고 점점 더 늘어나는 추세입니다.

하지만 배가 항해하면서 내보내는 물과 사고에 따른 기름 유출 등으로 환경이 심각하게 파괴될 수 있습니다. 또한 겨울에 운행할 경우 쇄빙선으로 얼음을 깨뜨려 부수면서 나아가야 합니다. 이렇게 얼음이 부서져 잘게 잘린 빙산은 더 빨리 녹을뿐더러 얼음이 부서지면 바다가 태양열을 더 많이 흡수하게 되어 태풍과 이상 고온, 한파, 가뭄 등의 자연재해가 일어날 수 있지요. 북극 개발의 장점만 생각할 수 없는 이유입니다. 아무리 많은 자원을 얻을 수 있다고 하더라도 환경이 파괴되어 버리면 생명 자체가 살아갈 수 없으니까요.

6. 아이디어 도둑을 잡아라
-디자인, 저작권, 특허 분쟁

눈물의 특허, 우유 팩!

요즘의 종이 우유 팩은 대부분 양쪽을 눌러 입구를 벌려 열 수 있습니다. 예전에는 가위나 칼로 끝부분을 잘라서 여는 종이 팩이었어요. 그렇다면 편리하게 열 수 있는 지금 같은 모양의 종이 우유 팩은 누가 발명했을까요?

가위나 칼로 끝부분을 자르는 불편함을 없애기 위해 우리나라의 신석균 씨가 주름 방식으로 주둥이를 펴서 열 수 있는 지금의 우유 팩을 발명했습니다. 이 발명품은 현재 전 세계 우유 팩의 표준이 되었지요. 하지만 막상 우리는 우리나라 발명가가 이 우유 팩을 발명했다는 사실조차 잘 모릅니다.

1950년대 신석균 씨가 이 우유 팩을 발명하고 특허를 신청했는데 우리나라 정부와 기업체 어느 곳에서도 특허권을 사 주지 않았습니다. 실효성이 별로 없을 거라고 판단했기 때문이지요. 할 수 없이 신석균 씨는 이 특허권을 스웨덴에 싼값에 팔았습니다. 그래서 지금 우리나라 기업들뿐 아니라 전 세계 회사들이 스웨덴에 연간 수백억 달러씩 로열티를 내고 이 우유 팩을 사용하고 있습니다. 참 안타까운 일이지요.

2014년 7월 발매된 미국 가수 메건 트레이너의 곡 〈All About That Bass〉가 우리나라 작곡가 주영훈 씨가 만든 〈기쁨 모드〉라는 노래를 표절했다는 의혹이 제기되었어요. 어떤 부분은 멜로디가 거의 흡사하다고 합니다. 메건 트레이너의 곡은 '빌보드 차트' 2위까지 올랐으며 뮤직비디오는 유튜브에서 3000만 번 이상의 조회 수를 기록하기도 했습니다. 주영훈 작곡가는 표절과 관련해 소송을 준비 중이라고 합니다.

또 우리나라의 S전자가 미국 애플 사에서 생산한 휴대 전화의 디자인을 베꼈다는 소송을 당하면서 특허 전쟁을 치르고 있기도 합니다.

이런 일도 있습니다. 영국의 유명한 추리 소설 작가 아서 코넌 도일의 '셜록 홈스' 이야기를 현대적으로 해석한 영국의 인기 드라마 〈셜록〉은 전 세계적으로 수많은 팬을 모으며 나날이 그 인기가 올라가고 있습니다. 원작 자체가 워낙 재미있으니까요. 이렇게 원작을 새롭게 드라마로 만들려면 저작권료를 내야 하지만 아서 코넌 도일이 사망한 지 오래되어 저작권이 소멸된 상태였어요. 또 그 후손이나 저작권을 가진 사람이 없어서 그대로 드라마를 제작했지요.

그런데 최근 세 번째 시즌이 끝나면서 원작의 저작권을 갖고 있다는 한 여성이 등장했습니다. 이 여성은 드라마의 속편 제작을 막겠다며 현재 드라마 방송사인 BBC에 대해 소송을 진행하고 있어요. 만약 여성의 권리가 인정될 경우 〈셜록〉의 다음 시즌은 제작되기 어려울 것으로 보입니다.

하지만 셜록 홈스와 존 왓슨을 주인공으로 한 영화와 드라마는 이전에도 굉장히 많았는데 이 여성은 한 번도 자신의 권리를 주장한 적이 없었어요. 더구나 자신이 아서 코넌 도일의 후손인지, 저작권을 위임받은 단체인지도 밝히지 않고 있습니다. 또 소설이 출판된 지 100년 이상의 시간이 흘렀는데 아직까지 저작권이 존재한다는 것이 이상합니다. 나라마다 차이가 있기는 하지만 저작권은 저작자 본인이 죽은 뒤 70년까지 유효하거든요. 아서 코넌 도일이 1930년에 사망했는데, 지금까지 그 소설의 저작권이 유효할까요?

저작권이란 무엇일까요?

저작권이란 저작자가 자신이 만든 저작물에 대해서 갖는 권리를 말합니다. 예를 들어 본인이 쓴 일기, 편지, 동시, 그림 모두 일종의 저작물에 들어갑니다. 저작권은 저작자가 살아 있는 동안, 그리고 죽은 뒤 70년까지 법으로 보호를 받아요. 그 내용이 마음에 들어 그대로 사용하거나 변형하여 사용하려면 본디 그 저작물을 창작한 사람에게 허락을 받거나 돈을 내고 사야 합니다.

《마당을 나온 암탉》이라는 동화가 있지요? 이 동화는 애니메이션 영화로 만들어져 많은 사람들에게 사랑을 받았어요. 영화사는 당연히 작가와 화가에게 저작권료를 내고 허락을 받아 영화로 만들었습니다.

저작권이 있는 영화나 드라마를 저작권자에게 정당한 대가를 주지 않고 다운로드하거나 업로드해서 공짜로 보는 것은 당연히 불법입니다. 몇 년 전에 불법 업로드, 다운로드에 대해 저작권자들의 고소가 잇따랐어요.

현재도 이런 갈등이 많이 벌어지고 있지요. 저작권 침해를 하는 사람 중에 청소년이 많이 포함되어 있어서 사회 문제로 떠오르고 있습니다. 다운로드가 워낙 폭넓고 흔하게 이루어지고 있어서 이것 자체가 불법임을 모르는 사람들도 많지요. 하지만 명백한 불법입니다. 영화나 드라마 또는 음악 등을 만들기 위해 예술가들이 쏟은 열정과 시간과 노력을 인정하고, 그에 합당한 대가를 치러야 마땅하지요.

예전에는 저작권에 대한 개념을 제대로 알지 못했어요. 그저 좋은 노래가 있으면 들으면 된다고 생각했지요. 하지만 점차 저작권에 대한 개념이 명확해지고 있습니다. 어떤 음악가가 노래를 한 곡 만들어 발표하면 사람들이 그 노래를 들을 때마다 그 음악가에게 저작권료가 지급됩니다. 방송에서 듣거나 다운로드해서 듣거나 노래방에 가서 노래를 부르거나 할 때 모두 정해진 저작권료가 지불되는 거예요.

저작권료를 지불하지 않고 불법으로 다운로드해서 사용하면 법을 어겼으니 당연히 처벌을 받습니다. 2015년 2월 말까지는 청소년의 경우 1회에 한해 조사 없이 법적인 처벌을 받지 않을 수 있습니다. 하지만 이러한 조치는 청소년을 범죄자로 만드는 것을 막기 위한 배려일 뿐입니다. 2015년 3월부터는 청소년이라 하더라도 불법 다운로드를 했을 경우 법적인 처벌을 받게 됩니다.

저작권은 지식 재산권에 속합니다. 그러니 저작권을 침해하는 것은 타인의 재산을 침해하는 것과 다를 게 없습니다. 다른 사람의 집이나 가게에 들어가 몰래 물건을 들고 나오면 처벌을 받는 것이 당연하죠? 눈에 보이지만 않을 뿐이지 지식 재산권 침해도 도둑질과 똑같다는 것을 꼭 마음에 새겨 두어야 합니다.

■ 나가며

축구의 신,
드로그바의 기도

2006년 아프리카의 코트디부아르 축구 선수단은 독일 월드컵을 앞두고 열린 수단과의 예선전에서 3 대 1로 승리했습니다. 당시 주장이었던 디디에 드로그바(드록바)는 선수들과 함께 아프리카 전역으로 생중계되는 카메라 앞에 섰습니다. 그날 승리한 경기에 대해 인터뷰를 하기 위해서였죠. 그런데 갑자기 드로그바가 카메라 앞에 털썩 무릎을 꿇었습니다. 그러자 뒤에 있던 선수들도 모두 함께 무릎을 꿇었습니다.

"아니, 무슨 일입니까?"

"왜 저러는 거죠?"

많은 사람들이 어리둥절해하며 코트디부아르 선수단을 지켜보았어요. 몰려 있던 기자들은 연신 카메라 셔터를 눌러 댔고요. 모두들 드로그바의 입에서 어떤 말이 나올지 궁금해하며 그의 입만 바라보고 있었습니다. 호기심과 기대와 긴장에 휩싸여 쥐 죽은 듯 조용했습니다.

"사랑하는 조국의 국민 여러분……."

무슨 큰 죄를 저질렀음을 고백하려는 건지 너무나 궁금했던 기자들은 이제 참을 수 없는 지경에 이르렀지요.

마침내 드로그바가 입을 열었습니다.

"단 일주일만이라도 제발 전쟁을 멈춰 주십시오."

모두의 예상을 벗어난 말이었습니다.

드로그바는 간절한 표정으로 두 손을 모으고 눈물을 흘렸습니다. 뒤에 있던 선수들 모두 두 손을 모으고 간절하게 기도를 했습니다.

드로그바의 조국 코트디부아르는 내전으로 고통받고 있었습니다. 어린 시절, 비록 가난했지만 하루 종일 축구를 할 수 있었던 드로그바는 내전에 휩싸인 조국의 현실이 너무나 안타까웠습니다. 전쟁 때문에 학교에 다닐 수도 없고 축구를 할 수도 없고 심지어 팔다리가 잘려 나가기까지 한 조국의 아이들을 보며 몹시도 마음 아팠습니다.

메마른 모래 빛깔의 서아프리카! 그곳에 있는 생명력 넘치는 초록 바다 코트디부아르는 아프리카의 오아시스 같은 나라입니다. 풍부한 수량과 기름진 땅은 이웃 나라들에게 부러움을 사기에 충분했습니다. 1960년 독립 이후 20여 년 동안 농업을 중심으로 경제 부흥을 이루기도 했지요.

그런 조국이 정치적인 문제와 내전으로 황폐해져 가는 모습을 보며 드로그바는 견딜 수 없이 괴로웠습니다. 5년간 수만 명의 목숨을 빼앗고 온 나라를 혼란에 빠뜨린 내전은 정부를 장악한 남부 기독교 세력이 코코아 수출의 이득을 독차지하면서 비롯되었습니다. 코코아는 코트디부아르의 경제에서 가장 중요한 생산물이었어요. 이에 반군인 북부 이슬람 세력이 쿠데타를 꾀하다 실패했고 내전으로 확대되었지요. 초콜릿의 원료인 코코아를 정부군, 반군 모두 전쟁 자금으로 사용하면서 '피의 초콜릿'이라는 말까지 생겨났습니다.

전쟁을 멈추어 달라는 드로그바의 절절한 호소는 아프리카 전역으로 생중계되었습니다. 그러나 축구 선수들의 기도로 전쟁이 멈출 것이라는 기대는 어느 누구도 할 수 없었기에 안타깝게 지켜만 볼 뿐이었죠.

그런데 기적이 일어났습니다! 코트디부아르 정부군과 반군이 일주일간 내전을 중단하겠다고 선언한 것입니다. 결국 2년 뒤 정부군과 반군 사이에 평화 협정이 성사되어 코트디부아르는 내전에 마침표를 찍을 수 있었지요.

이후 드로그바는 자선 재단을 설립하고 해마다 자신의 연봉을 기부하는 등 멈추지 않고 전쟁에 반대하는 활동을 하고 있습니다. 코트디부아르 아이들이 가장 닮고 싶은 사람 1위로 꼽는 민족의 영웅이 바로 디디에 드로그바입니다.

동화 같은 이야기인가요? 하지만 실제로 있었던 일입니다. 한 사람의 힘으로 전쟁을 끝낸다는 것은 꿈같은 이야기이지만 한 사람 한 사람이 모두 간절한 마음으로 전쟁을 반대한다면 전쟁은 틀림없이 지구 상에서 사라질 것입니다.

총을 들고 아무 죄 없는 사람들을 그 이유도 잘 모른 채 죽여야 하는 세상, 사랑하는 부모 형제가 피 흘리며 죽어 가는 모습을 지켜보아야 하는 세상, 학교와 집과 체육관이 포탄에 무너지는 세상, 팔다리가 잘리는 고통을 당하는 사람들이 넘치는 세상.

그런 세상이 되어도 좋다고 생각하는 사람은 아무도 없을 겁니다. 하지만 내 일이 아니라고 구경만 하고 있으면 언젠가 전쟁이 슬그머니 우리 곁에 와 있을지도 모릅니다.

우리가 할 수 있는 최선의 방법으로 각자의 자리에서 전쟁을 거부해야 합니다. 드로그바가 무릎 꿇고 간절히 기도할 때 아무도 전쟁이 멈출 것이라고 기대하지 않았습니다. 하지만 이루어질 것 같지 않던 일이 정말 꿈처럼 이루어졌지요.

여러분은 이제 전 세계 사람들과 만나고 그들과 함께 살아가야 합니다. 국제기구, 다른 나라 회사, 다른 나라의 무대에서 전 세계 사람들을 만나게 되겠지요. 설사 다른 나라로 나가지 않는다고 해도 마찬가지입니다. 세계 여러 나라 사람들이 우리나라로 와서 여러분과 함께 살고 일할 테니까요.

세계 속에서 빛나는 활동을 펼칠 여러분이기에 지구 상의 어떤 다른 나라에서 어떤 일이 일어나고 있는지 알아야 하는 것이지요. 다른 나라의 좋은 점뿐 아니라 아프고 슬픈 일까지 함께 말입니다.

지금의 어른들은 어리석은 잘못을 많이 저질렀지만 여러분이 이 지구를 이끌어 갈 어른이 되었을 때에는 반드시 평화로운 지구를 만들 것이라 믿어요. 어린이 여러분이 아름다운 '초록별'에서 평화롭게 살 수 있기를 간절한 마음으로 바랍니다.

여러분은 어떤 세상에서 살기를 원하나요?

■ **참고 문헌**

김병호 《우크라이나, 드네프르 강의 슬픈 운명》 (매일경제신문사, 2015)
김재명 《눈물의 땅, 팔레스타인》 (웅진지식하우스, 2015)
김재명 《오늘의 세계 분쟁》 (미지북스, 2015)
김호동 《근대 중앙아시아의 혁명과 좌절》 (사계절출판사, 2012)
김호동 《황하에서 천산까지》 (사계절출판사, 2011)
노엄 촘스키, 질베르 아슈카르 《촘스키와 아슈카르, 중동을 이야기하다》 강주헌 역 (사계절출판사, 2009)
도널드 쿼터트 《오스만 제국사》 이은정 역 (사계절출판사, 2008)
로레타 나폴레오니 《이슬람 불사조》 노수만, 정태영 역 (글항아리, 2015)
버나드 루이스 《이슬람 1400년》 김호동 역 (까치글방, 2014)
버나드 루이스 《중동의 역사》 이희수 역 (까치글방, 2015)
마이클 콜린스, 매튜 A. 플라이스 《사진과 그림으로 보는 기독교 역사》 김승철 역 (시공사, 2011)
우스키 아키라 《세계사 속 팔레스타인 문제》 김윤정 역 (글항아리, 2015)
이븐 칼둔 《역사서설》 김호동 역 (까치, 2015)
이주형 《아프가니스탄, 잃어버린 문명》 (사회평론, 2011)
이희수 《이희수 교수의 이슬람》 (청아출판사, 2014)
전국역사교사모임 《처음 읽는 터키사》 (휴머니스트, 2015)
정의길 《이슬람 전사의 탄생》 (한겨레출판, 2015)
제임스 A. 밀워드 《신장의 역사》 김찬영 외 역 (사계절출판사, 2013)
제임스 캐럴 《예루살렘 광기》 박경선 역 (동녘, 2014)
존 보커 《사진과 그림으로 보는 성서》 이종인 역 (시공사, 2007)
패트리샤 크로운 외 《사진과 그림으로 보는 케임브리지 이슬람사》 송경근 외 역 (시공사, 2014)
피터 홉커크 《그레이트 게임》 정영목 역 (사계절출판사, 2008)
허승철 《우크라이나의 역사》 (문예림, 2015)

귀에 쏙쏙 들어오는 국제 분쟁 이야기

2015년 11월 30일 1판 1쇄
2023년 5월 20일 1판 7쇄

글쓴이: 이창숙 | 그린이: 이희은 | 감수: 하영식(국제 분쟁 전문 기자)

편집: 최일주, 이혜정 | 디자인: 권소연 | 교정: 한지연 | 제작: 박홍기
마케팅: 이병규, 양현범, 이장열, 김지원 | 홍보: 조민희
인쇄: 코리아피앤피 | 제책: J&D바인텍

펴낸이: 강맑실 | 펴낸곳: (주)사계절출판사 | 등록: 제406-2003-034호 | 주소: (우)10881 경기도 파주시 회동길 252 | 전화: 031) 955-8588, 8558 | 전송: 마케팅부 031) 955-8595 편집부 031) 955-8596 | 홈페이지: www.sakyejul.net | 전자우편: skj@sakyejul.com | 페이스북: facebook.com/sakyejulkid | 블로그: blog.naver.com/skjmail | 인스타그램: instagram.com/sakyejulkid

ⓒ 이창숙, 이희은 2015

사진: 12쪽 통곡의 벽, 17쪽 예루살렘, 26쪽 다마스쿠스, 27쪽 크락 데 슈발리에, 29쪽 팔미라, 61쪽 드네프르 강ⓒ허용선 | 20쪽 분리 장벽, 54쪽 위구르 인, 84쪽 시에라리온 광산, 100쪽 멕시코 이괄라 시 시위ⓒ연합뉴스

값은 뒤표지에 적혀 있습니다. 잘못 만든 책은 구입하신 서점에서 바꾸어 드립니다.
사계절출판사는 성장의 의미를 생각합니다. 사계절출판사는 독자 여러분의 의견에 늘 귀 기울이고 있습니다.
이 책은 저작권법에 따라 보호받는 저작물이므로 무단전재와 복제를 금합니다.

ISBN 978-89-5828-905-0 73330
ISBN 978-89-5828-770-4 (세트)